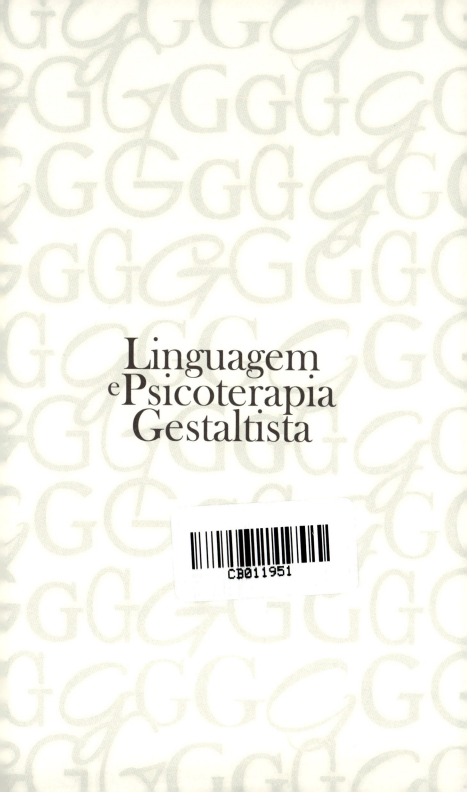

Linguagem e Psicoterapia Gestaltista

Vera Felicidade de Almeida Campos

Linguagem e Psicoterapia Gestaltista

Como se aprende a falar

DIREÇÃO EDITORIAL:
Marlos Aurélio

COMISSÃO EDITORIAL:
Avelino Grassi
Edvaldo Araújo
Fábio E.R. Silva
Márcio Fabri dos Anjos
Mauro Vilela

COPIDESQUE:
Ana Aline Guedes da Fonseca de Brito Batista

REVISÃO:
Thiago Figueiredo Tacconi

DIAGRAMAÇÃO:
Érico Leon Amorina

CAPA:
Jorge Zugliani (Jozz)

© Ideias & Letras, 2015.

EDITORA
IDEIAS &
LETRAS
Rua Tanabi, 56 – Água Branca
Cep: 05002-010 – São Paulo/SP
(11) 3675-1319 (11) 3862-4831
Televendas: 0800 777 6004
vendas@ideiaseletras.com.br
www.ideiaseletras.com.br

Dados Internacionais de Catalogação na Publicação (CIP)
(Câmara Brasileira do Livro, SP, Brasil)

Linguagem e psicoterapia gestaltista.
Vera Felicidade de Almeida Campos.
São Paulo-SP: Ideias & Letras, 2015.

Bibliografia
ISBN 978-85-65893-77-0

1. Gestalt (Psicologia) 2. Gestalt-terapia
3. Gestalt-terapia - Linguagem 4. Gestaltismo
5. Gestalt (Psicoterapia) 6. Psicoterapia I. Título.

CDD-616.89143
NLM-WM 420

15-01688

Índices para catálogo sistemático:

1. Gestalt : Psicoterapia : Psicologia
616.89143

*O que faz a roda ser a roda
é o espaço entre seus aros.*

Lao Tse

Sumário

Por que linguagem? - 9

Relação unidade processual: estrutura e função - 15

Linguagem - 33

Psicoterapia gestaltista: diálogo para mudança - 85

Posfácio: A evolução do conceito de percepção - 111

Referências bibliográficas - 119

Por que linguagem?

Perceber é conhecer pelos sentidos. Cheguei a esse conceito graças à unificação feita pelos gestaltistas alemães, entre o que se chama sensação e percepção. Para eles não havia uma sensação captada pelos sentidos e uma percepção organizadora desses dados sensoriais. Não existiam duas funções: uma de captação e outra de organização. O que se sentia era o que se percebia e já era organizado. A abordagem dualista anterior implicava em um elementarismo fundamentado na ideia de que o todo é a soma de suas partes e, behavioristas e psicanalistas, também eram adeptos dessa visão: os primeiros, quando reduziam o comportamento humano aos processos de aprendizagem resultante do condicionamento dos reflexos incondicionados e os segundos, ao explicar toda a vida emocional e sexual do homem pelos processos inconscientes, para eles o fundamento e motivo de toda vivência humana.

Essas abordagens implicavam em entender o homem separado do mundo, antagônico à sociedade, ao mundo. Os behavioristas tentavam resolver essa separação através dos conceitos de adaptação e condicionamento e os psicanalistas, através dos conceitos de conscientização e sublimação dos desejos.

Ao iniciar meu trabalho psicoterápico no final dos anos 1960, era isso que existia no campo da psicologia clínica.

Beneficiada pelos conceitos gestaltistas e fenomenológicos, eu sabia que o homem no mundo é uma *gestalt*, uma unidade e que o todo não é a soma de suas partes. Essa visão me possibilitou perceber que é através do processo perceptivo que o homem estrutura relacionamentos, e então comecei a criar conceitos e a desenvolver a teoria que fundamenta a psicoterapia gestaltista. Ao longo de 38 anos, desde que escrevi o primeiro livro sobre psicoterapia gestaltista, venho desenvolvendo o conceito de percepção.[1]

Neste novo livro, *Linguagem e psicoterapia gestaltista*, explico o processo da linguagem, a estruturação da língua e da fala, pela percepção. Vemos que falar é expressar a organização do percebido. Linguagem é a maneira do ser humano se expressar, se comunicar, se exteriorizar. Linguagem é o desenho, a imagem, a representação, o resumo, as senhas do que se percebe. Linguagem é descrever, é informar. Fala-se porque se percebe e é percebido. A linguagem é construída pelo relacionamento com o outro e o mundo. Cada língua expressa tempo e espaços característicos. A história da humanidade foi contada graças às línguas estabelecidas. Nossa história, nossas vivências podem ser expressas, compartilhadas através da linguagem.

Portanto, neste novo trabalho, continuando o desenvolvimento de percepção como conhecimento, como "perceber que percebe" – categorização – e entendendo o pensamento como prolongamento perceptivo, deixamos claro que a percepção é estruturadora da linguagem e mantemos assim, o conceito de que vida psicológica é vida perceptiva. Na linguagem isso é enfático.

---

1 *Ver* o Posfácio: *A evolução do conceito de percepção*, no final deste livro, página 111.

No desenvolvimento de minha teoria, senti necessidade de explicar a percepção como contexto para a construção e formação da linguagem. A linguagem decorre da percepção, ela não é, como afirmam alguns teóricos, estruturante de realidades.

A fala na psicoterapia é um dos desenhos, das digitais mais individualizantes do ser humano. *Fala, que te direi quem és.* Ao falar expressamos nossa maneira de perceber o outro, o mundo e a nós próprios. Falando da problemática que nos aflige mostramos nossas vivências, nossas distorções, nossa autorreferência, nossas dúvidas, medos e anseios.

A linguística, o estudo da linguagem, desenvolve-se há mais de um século com seus grandes especialistas. Ferdinand Saussure, criador da linguística, foi quem fez a distinção entre *langue e parole* – língua e fala – dedicando-se a entender as questões de significado e significante. Chomsky explica a construção de uma gramática única como fundamento do processo linguístico. Louis Hjelmslev e outros fenomenólogos seguiam a linha que enfatiza o que é imanente, o que é transcendente na linguagem. Edward Sapir, antropólogo e linguista influenciado por Franz Boas, pesquisando em culturas indígenas, procurava compreender como se formava a língua. Hegel dizia que a linguagem é a atualidade da cultura; assim fica assinalado o aspecto comunicativo e transcendente da linguagem. Na tradição hinduísta, nos Upanishads, vemos que o sentido da linguagem é possibilitar a distinção de valores e significados. Se não existisse linguagem, não poderíamos conhecer nem o bem, nem o mal, nem o verdadeiro, nem o falso.

Dizer que a boca, a língua, a laringe são órgãos da fala é tão tolo, tão errado quanto dizer que o dedo é o órgão de tocar piano. Algumas estruturas neurológicas quando lesadas ou comprometidas interferem ou mesmo impedem a fala. O processo de formação da linguagem é perceptivo, portanto fundamentalmente psicológico, e como tal, garantido por estruturas neurológicas. Essa isomorfia entre o neurológico e o psicológico assegura os processos perceptivos.

A língua é sempre expressão de uma sociedade, uma cultura, uma época vivenciada por grupos humanos. Cada língua que desaparece evidencia como ela é fruto da relação com o mundo, com o percebido. Novas tecnologias, importação das mesmas, novas vivências e necessidades criam novas palavras. Com a internet muitas línguas e dialetos são insuficientes para expressar as novas relações percebidas.

A língua expressa e comunica vivências, pensamentos, faz com que o outro perceba além do olhar e do tato, e seja também percebido.

Este livro expressa os desdobramentos do conceito de linguagem e de como ela se estrutura. É mais um referencial para perceber as configurações do humano, os desenhos e trajetórias realizados pelo *ser no mundo*. Penso a linguagem a partir da percepção.

Fernando Pessoa, pelas mãos de seu "mestre" Alberto Caeiro, o guardador de rebanhos, poeticamente também fala da percepção:

Sou um guardador de rebanhos.
O rebanho é os meus pensamentos
E os meus pensamentos são todos sensações.
Penso com os olhos e com os ouvidos
E com as mãos e os pés
E com o nariz e a boca.

Pensar uma flor é vê-la e cheirá-la
E comer um fruto é saber-lhe o sentido.

Por isso quando num dia de calor
Me sinto triste de gozá-lo tanto,
E me deito ao comprido na erva,
E fecho os olhos quentes,
Sinto todo o meu corpo deitado na realidade,
Sei a verdade e sou feliz.[2]

2 PESSOA, Fernando. *Poesia completa – Alberto Caeiro*. São Paulo, Companhia das Letras, 2005, p. 34.

Relação unidade processual: estrutura e função

Os estruturalistas, na psicologia, queriam conhecer os conteúdos mentais, a consciência e a estrutura neurofisiológica responsável pela mesma. Os funcionalistas achavam que deveriam ser estudadas as funções mentais, as características mentais responsáveis pela adaptação do indivíduo ao meio ambiente.

Os funcionalistas estudavam o propósito da mente em substituição a abordagem estruturalista de explicação do que é a mente. Estava em jogo a oposição entre estrutura e função – o mesmo já havia ocorrido na sociologia, na linguística, na filosofia e na antropologia. Essa polarização que implica na oposição entre estrutura e função não foi útil à abordagem dos fenômenos estudados porque perdeu de vista a totalidade dos processos e elementarizou os dados fenomênicos.

Vamos substituir estrutura por forma (*gestalt*) e considerar função como processo, movimento realizado por essa *gestalt*, essa forma e assim, as relações e processos que ela estabelece superam o dualismo existente entre estrutura e função.

As formas, *gestalten*, as estruturas, não estão separadas e sedimentadas à espera de uma função. A forma funciona, a estrutura é funcional. Não existe essa separação – estrutura e função – não existe também o organismo esperando as centelhas divinas, como não existe homem separado do mundo, ou mundo invadindo o homem, ou externo e interno. Esses dualismos, que ainda permanecem na história do pensamento, são categorias a partir das quais surgem denominações como sujeito e objeto, indivíduo e sociedade, homem e cultura, por exemplo.

A visualização conceitual dualista, polarizada e polarizante de várias questões sob a forma de estrutura e função, já foi também configurada como quantidade e qualidade. Marx e Hegel unificaram o paradoxo quando disseram que a qualidade é uma transformação de quantidades. Lembremos de um clássico exemplo de Marx: "a quantidade da exploração exercida pelos opressores sobre os oprimidos (os detentores do capital sobre os trabalhadores) é responsável pela consciência de classe", essa qualidade nova, a consciência de ser oprimido, é responsável por novo empuxo na roda, no processo social.

O conceito de essência/aparência como características identificatórias de processos e fenômenos, também cumpriu esse papel unificador, tanto quanto apontou para o conceito de transcendência e imanência. Fenômeno, para nós e de acordo com Husserl, é tudo que aparece, que se dá. E por isso podemos defini-lo como sucessão de acontecimentos.

Na psicologia, principalmente na visão psicanalítica, essência corresponde a subjetividade, interioridade. Consequentemente, atingir a essência humana é um complexo processo estabelecido através da conscientização de desejos, de medos e de afetos. Nessa visão, consciência é soma de elementos, de dados afetivos e vivenciais, e é isso que constitui a subjetividade humana projetada na exterioridade, no mundo. Para eles, a aparência não expressa nem revela a "verdadeira" essência humana. Ditados populares corroboram essa pseudo afirmação científica como "quem vê cara, não vê coração".

Para nós, subjetivo e objetivo, essencial e aparente são demarcações arbitrárias, mapas de acesso ou senhas de codificação. Tudo depende do que está sendo enfocado. A relação com o outro, consigo mesmo e com o mundo exprime o que está ocorrendo, o que pode ser percebido e classificado, se for o caso, sem criar dualismos, nem somar elementos.

Vejamos na questão da sexualidade humana como dualismos entre estrutura e função podem ser unificados.[3]

Pela pregnância do aspecto anatômico, sempre fomos levados a pensar em sexualidade como sinônimo de genitália. Quando nasce uma criança, basta verificar os genitais para classificar seu gênero: masculino ou feminino. Ser menino, ser menina é o definidor inicial de papéis e códigos relacionais. Essa base anatômica, a genitália estabelecedora do sexo, é o ponto de partida para a função sexual do humano. São próximos os conceitos biológicos e sociais, pois são mediados e homogeneizados pela ideia de função.

Nesse contexto, o conceito de sexualidade está fundamentado no aspecto biológico do humano, exercido em uma função social. Exemplo: nascer com um pênis é estar destinado a criar e prover uma família; nascer com uma

---

3 Essa ideia já foi desenvolvida por mim no artigo "Sexualidade humana – Aspectos psicológicos", publicado no Boletim SBEM, julho/setembro de 1999, pp. 55-58.

vagina indica a possibilidade receptiva e acolhedora de gerar e parir filhos.

Como função social, a sexualidade se transformou em uma necessidade humana para a manutenção da espécie. Sem exagero, podemos dizer que sempre se pensou assim, até o século passado ou início desse; para categorizar a sexualidade, valiam os estudos anatômicos e as regras morais da religião dominante.

No início do século, Freud, com o conceito de libido, estende os horizontes da sexualidade, vai além do anatômico. A fisiologia e a endocrinologia também ampliam esses limites. Como que por encanto, tudo se sexualiza, enxerga-se sexualidade em tudo, embora ainda se apoiando na dimensão anatômica. A forma biológica é o determinante básico de qualquer consideração sobre sexualidade. Frente a esse padrão, coisas escondidas ou não consideradas são abordadas, surgem desvios, aparecem casos de hermafroditismo, de pseudo-hermafroditismo etc., mas sempre o referencial de classificação é o anatômico/biológico.

Estabelecido o tema, sem margem de dúvidas, começa a insinuar-se uma questão; Ser e/ou Parecer? As diferenças anatômicas, genéticas já não decidem o que é feminino ou o que é masculino. Exemplificativo disso é o texto de George W. Burns:

Diferenciação Sexual

Sexo genético — As mulheres normais têm comumente dois cromossomos X; os homens normais, um X e um Y. Como dito anteriormente, é claro, os genes desses cromossomos determinam a feminilidade ou a masculinidade. Assim, pode-se dizer que as fêmeas têm a designação XX para o sexo genético, embora ocorram casos excepcionais.

Sexo gonádico – Substâncias químicas (indutores) produzidas pelas células embrionárias XX agem na região cortical das gônadas indiferenciadas, levando ao desenvolvimento de tecido ovariano. Em embriões XY, contudo, os indutores estimulam a produção de testículos a partir da medula das gônadas indiferenciadas. Portanto, o sexo genético XX está em geral associado com o sexo gonádico ovariano, e XY com o sexo gonádico testicular.

Sexo genital – As gônadas embrionárias produzem hormônios que, por sua vez, determinam a morfologia da genitália externa e dos canais genitais. Os embriões XX normalmente desenvolvem ovários, genitália externa feminina e canais de Muller. Os embriões XY, por outro lado, desenvolvem geralmente testículos, genitália externa masculina e canais de Wolff. Nos embriões XX, os canais de Wolff são suprimidos; em embriões XY, os canais de Muller permanecem em desenvolvimento. Há assim uma distinção entre o sexo genital masculino e feminino.

Sexo somático – A produção de hormônios gonadais continua a aumentar até que, na puberdade, aparecem os caracteres sexuais secundários. Esses incluem a quantidade e distribuição de pelos (por exemplo, faciais, corporais, axilares, pubianos); as dimensões da pelve; as proporções gerais do corpo; a gordura subcutânea nos quadris e coxas, e desenvolvimento dos seios na mulher, assim como o aumento do tamanho da laringe e a mudança de voz no homem.

Sexo sociopsicológico – Na maioria dos indivíduos, o sexo genético, gonádico, genital e somático coincidem; as pessoas XX, por exemplo, desenvolvem ovários, genitália feminina e caracteres sexuais secundários. Em geral, essas pessoas são educadas como mulheres e adotam as funções do gênero feminino em qualquer padrão cultural que tenha sido estabelecido na sociedade da qual sejam membros. Uma correlação semelhante desde o sexo genético até o sociopsicológico é vista em indivíduos XY. Por outro lado, alguns indivíduos apresentam uma incoerência de algum tipo ou grau entre esses níveis de sexualidade. As discordâncias relacionadas com o sexo genético e o anatômico resultam em intersexualidade.

O sexo como uma grandeza contínua – Em vez de uma condição ou-ou, macho ou fêmea, XX ou XY, o sexo pode ser visto como um contínuo, que vai desde o supermacho, através do macho inter-sexuado de vários graus, até a fêmea, e adiante até a superfêmea. Em que o indivíduo se coloca em tal contínuo está ligado com a relação dos cromossomos X individuais com os conjuntos de autossomos. É claro que não são os cromossomos como estruturas que são os fatores que decidem, mas sim os genes nos cromossomos. Assim, os genes para a masculinidade estão associados com os autossomos, e os para a feminilidade com os cromossomos X. No entanto, todo esse aparato de determinação do sexo pode, em alguns casos, ser transtornado por um único par de genes autossômicos recessivos![4]

Sexualidade está na cabeça, é uma ideia que substitui e questiona a de que sexualidade está no corpo – genes e cromossomos. Nesse momento, é muito enfática a contribuição da endocrinologia: existem transexualidades, além do hermafrodita e do clássico masculino/feminino, existe um sexo anatômico que nem sempre corresponde ao humoral/endócrino. Pensaram que, com esse conceito de sexo humoral/endócrino, as coisas se resolveriam. Não foi assim, homens e mulheres desmentiram na prática essa afirmação. Inúmeros homossexuais assumidos apresentavam os níveis considerados normais dos hormônios masculinos e femininos. Falou-se muito em aberrações, desvios sexuais e terminou-se dizendo que a sexualidade está na cabeça, é psicológica. Nesse momento, as coisas ficam mais complexas. Vejamos por quê.

Sexo é sinônimo de gênero. Nesse sentido, sua determinação é anatômica, apenas isso. Não determina nem explica a sexualidade, muito menos a atividade sexual. Esse gênero, definido, permite dividir a humanidade em masculinos e

---

4 BURNS, George W. *Genética – Uma introdução à hereditariedade*. São Paulo, Interamericana, 1984, pp. 199-200, 203-204.

femininos, sem se deter em nuances negadoras desse definidor genérico.

Sexualidade é o que resulta de haver sexos. Desejo, possibilidades, impossibilidades, limites e necessidades são configurações dessa realidade: sexo.

Atividade sexual é o que acontece quando os sexos se relacionam, ou quando o sexo se relaciona é estabelecida a atividade sexual. Relacionamento entre sexos, ou do sexo, pressupõe sempre uma pessoa, um *ser no mundo*. A atividade sexual do homem só pode ser enfocada psicologicamente, pois sempre é exercida por um ser humano. É um comportamento, não é um espasmo ou atividade orgânica. Esse comportamento – atividade sexual – expressa motivações, percepções, disponibilidade, autorreferenciamento, maldade, desespero etc. Nesse sentido, existem tantas formas de relacionamento sexual quantas são as possibilidades de relacionamento humano. O estudo da atividade sexual humana é a análise sobre motivação, aprendizagem, neurose e escolhas humanas. As dificuldades que temos hoje em dia, em nosso trabalho clínico, decorrem de abordagens nebulosas. Às vezes, se pensa em atividade sexual como sinônimo de sexo e não se consegue entender que um mundo próprio está por ser traduzido; lança-se mão de Freud, utiliza-se os conceitos de trauma etc. Outras vezes, as situações são mais complicadas. Médicos precisam decidir se, após a solução do problema hermafrodita, surgirá um homem ou uma mulher. Encaminham a um psicólogo que também procura auscultar a alma, a psique do outro, a fim de saber se o mesmo se sente homem ou mulher, já que ele está nessa encruzilhada de poder ser o que quiser. Não é visto o contexto social que já o criou e estigmatizou como mulher, não podendo escolher ser homem ou vice-versa; muitas vezes o indivíduo escolhe o que já está determinado, independentemente de corresponder à sua motivação.

Quanto mais se pensa no humano como um ser, menos se precisa de gêneros – masculino/feminino – e melhor se fará o estudo da totalidade humana. Nesse sentido, estamos caminhando bem; da ideia restrita de sexo, descobrimos um todo mais amplo: sexualidade. Estamos agora diante do infinito da atividade sexual. É um equivalente de quando se pensa no ser humano como clã, depois tribo, raça e agora como habitante do planeta. Não existem raças. Cor de pele não define comportamento psicológico, nem caracteriza melhores ou piores. A igualdade dos sexos, a abolição da supremacia do homem, a libertação da mulher, têm possibilitado um enfoque mais justo sobre a sexualidade e a atividade sexual humana.

Após essas considerações, visualizemos, já em outro contexto, a questão da sexualidade humana.

Sexo é genitália, determina o gênero masculino/feminino e é o principal estruturador de padrões e papéis a serem desempenhados pelo ser humano. Quando se nasce, já há um roteiro, um programa estabelecido. Só nos resta cumprir. Os programas são datados, de vinte e cinco em vinte e cinco anos em média, são ultrapassados, caducam. Nessa datação de programas, reside o famoso choque de gerações muito estudado e explorado pela psicologia como causa de distúrbios comportamentais da adolescência. É incrível como uma simples diferença anatômica é responsável por coisas tão complexas, tais como papel social, comportamento, etiquetas etc. No início do século XX, muitas mortes foram registradas em defesa da honra violada; era nada mais nada menos que a integridade do hímen que estava sendo batalhada. Quantas horas de divã foram gastas na discussão do complexo de inferioridade criado pela descoberta de ter o pênis menor que o do irmão!

O anatômico-biológico ganhou uma condição tão importante que o sexo se transformou em uma senha, talvez até em um ícone, para a dimensão sexual humana, para a sexualidade humana.

Sexualidade humana pressupõe sempre relacionamento, pressupõe também a existência de um contexto estruturante: o corpo. Quando o relacionamento se dá com o outro, quando a vivência é de aceitação, surge uma intimidade integradora. Quando a relação com o outro se dá em um contexto de não aceitação, caracterizado por sedação de necessidade, surgem vivências de satisfação/insatisfação.

Entender a atividade sexual humana nos obriga a entender o processo motivacional do ser humano em relação ao outro. Torna-se também necessário compreender a relação que se estabelece com o próprio corpo, perceber os níveis de estruturação da individualidade, pois só assim poderemos perceber se a atividade sexual está sendo integradora ou desintegradora. Essa é a questão. Humanizar ou desumanizar. Atividade sexual humanizante é aquela em que o outro existe como tal, como humano e não como objeto de satisfação de desejos ou realização de fantasias, sonhos impossíveis e demandas agressivas, cruéis. Desumanizante é toda atividade no qual o outro é percebido como o maravilhoso/péssimo objeto responsável pela solução de determinadas demandas, desejos. Seres humanos são classificados em homens e mulheres, isso explica o seu gênero, o fato de pertencer ao sexo feminino ou masculino, apenas isso. Homens e mulheres transcendem essa dimensão biológica, à medida que se humanizam em contato com o outro, o

24 semelhante. Se o semelhante é apenas um transmissor de normas, valores e padrões, jamais a humanização e a individualidade são atingidas, embora organismos, glândulas e sexualidade possam funcionar corretamente. Como psicólogos e terapeutas, não podemos perder isso de vista: é na relação com o outro que o humano/desumano se estrutura.

Imaginemos uma nítida disfunção hormonal/metabólica, criando casos fronteiriços, em que pelos caracteres sexuais secundários, fica difícil determinar o gênero a que a pessoa pertence. Havendo aceitação do outro, no caso pais ou equivalente, se aceita a disfunção e procura-se modificá-la. Sendo estigmatizado pela indiferenciação sexual, estrutura-se uma não aceitação da mesma e começa um processo de disfarce, escamoteamento, responsável por estruturação de ansiedade, angústia, medo de ser pego em flagrante, mentiras etc. Nesse contexto, as cirurgias corretivas estão sempre ameaçadas, pois o que se deseja nunca é assumido. Por exemplo: preferir acentuar o aspecto feminino pode ser um esconderijo, um desvio do grande desejo de ser homem e vice-versa.

Indiferenciações/diferenciações anatômicas e hormonais não indicam características da sexualidade humana, embora caracterizem o sexo a que se pertence.

Atividade sexual humana, como qualquer outra atividade humana, caracteriza-se por disponibilidade, liberdade ou por autorreferenciamento, medo. Disponibilidade e liberdade são estruturantes de amor. Medo, limites e referências próprias, como maneira de traduzir e filtrar o que acontece, caracterizam a solidão, a dificuldade de relacionamento.

Para entendermos a interatividade, dinâmica, precisamos de unificação, precisamos abolir pontos de quebra, de divisão. Para totalizar não se pode segmentar, dividir e depois somar; temos que ter uma visão conceitual que não quebre a totalidade dos processos, que os consiga perceber inteiros, sem divisão. Goethe dizia: "A natureza (o fruto) não é miolo nem é casca, é tudo ao mesmo tempo".

A ideia de inteiro e dividido é enganadora. Tudo é inteiro, ou tudo é dividido, basta pensar na matéria ou em uma abstração maior – os números. Inteiro é a estrutura, dividido é quando vemos suas funções como sendo suas partes. A relação parte/todo, as coordenadas espaciais e temporais se impõem, são andaimes necessários para a construção de conceitos. A semente, a célula, são unidades, da semente surge a árvore. Tudo existe na semente enquanto possibilidade. Essa realidade é transformada ou destruída em contato com outras possibilidades, outras realidades. O possível e o necessário, enquanto contingência e circunstância se impõem, são contextos, planos espaciais, temporais. Não há dualismos entre estrutura e função, quantidade e qualidade, essência e aparência, imanência e transcendência. Unidade não é sinônimo de elemento.

Imaginemos um universo, um conjunto, um contexto no qual tudo que existe pode ser denominado *relacional*. A relação é a unidade processual. Esse conceito genérico de relação se especifica através de coordenadas tempo/espaciais. Sempre no tempo do agora e no espaço do aqui ocorrem os relacionamentos.

No caso do homem, quando ele lembra, ele lembra agora e aqui do tempo passado, de um antes e lá, por exemplo. A relação é a unidade processual, seja dos fenômenos físicos, químicos, biológicos, econômicos, sociais/culturais ou psicológicos.

O ser humano é estruturalmente um organismo, que através de suas relações se organiza, se relaciona e se posiciona como *ser no mundo*. Mundo é sinônimo de sociedade, família, cultura, horizonte, paisagem, geografia, história. Falar do homem é falar do *ser no mundo*, é percebê-lo em um contexto, em um espaço e tempo, em um momento social, cultural, em uma época. Esse organismo situado tem uma estrutura biológica/neurológica que lhe permite perceber.

O que é perceber? Esse conceito também foi elementarizado, distorcido, desde que não apreendido em sua totalidade. Vemos isso tanto na história da filosofia quanto da ciência. No século XVII Locke e Leibniz criaram o que veio a ser chamado empirismo e inatismo. Locke, empirista (tudo decorre do ambiente) dizia que quando o homem nasce ele é uma *tabula rasa,* um papel em branco e que tudo seria aprendido, tudo passaria pelos sentidos, pelos dados sensoriais. As sensações seriam as responsáveis pelo conhecimento, pela formação da mente, pela modificação da *tabula rasa.* Leibniz acrescentava à frase de Locke: tudo passa pelos sentidos, "tudo menos o próprio intelecto". Leibniz imaginava que anterior ao conhecimento sensorial, adquirido através das sensações, havia um princípio ativo, uma mente, o intelecto. Ambos os autores discutiam a formação do conhecimento, a formação da mente e procuravam explicar a consciência, o início do processo cognitivo. As sensações eram as responsáveis pela captação dos dados externos, que eram levados à consciência (intelecto de Leibniz) ou colocados no receptáculo mental (Locke) e daí surgia ou seria ativada a consciência.

Até 1910, esse era o cenário que prevalecia no domínio da psicologia e da fisiologia, mantendo-se assim, o dualismo cartesiano entre corpo e alma. Os gestaltistas, Koffka, Koehler e Wertheimer afirmavam que essa explicação era elementarista, associacionista, que implicava no conceito de "todo como soma de partes", e pior, partia da ideia de que o mundo era um caos que teria de ser organizado pela consciência, pela percepção. Esse conceito elementarista implicava também na ideia de percepção como função superior organizadora dos dados sensoriais e responsável pela consciência. Mostrando como a visão elementarista/associacionista criava problemas sérios em relação a cosmogênese e ontogênese, os gestaltistas conseguiram mudar esses conceitos ao dizer que o mundo era um cosmos, era organizado, e que a percepção era responsável pelo conhecimento direto dos dados sensoriais, das sensações, em lugar de ser, ela – a percepção – a responsável pela elaboração dos mesmos. Não se recolhiam dados sensoriais pelos sentidos, o que ocorria é que se percebia pelo olfato, visão, audição, gustação e tato.

Essa conceituação gestaltista, no início do século XX, trouxe renovação e questionamentos aos conceitos existentes sobre como o homem conhece.

Nessa época Freud postulou o conceito de inconsciente que era uma nova posição para explicar a formação do conhecimento. O importante para ele não era saber como se conhece, mas sim como se desconhece, como se oculta o conhecimento; achava que sensação ou percepção eram meras projeções de processos inconscientes. Era como se ele dissesse: o mundo é um sonho, é a projeção de desejos e medos; a consciência, o conhecimento, dependem do inconsciente.

A introdução do mistério, do símbolo, da metáfora substituiu a abordagem neurofisiológica. Mais importante do que explicar a consciência era explicar o inconsciente que nem sempre era visto como sinônimo de inconsciência. Charcot, que insistia nas explicações neurofisiológicas para histeria, foi renegado para os estudos dos bloqueios, das paralisias causadas por traumas sexuais responsáveis pela conversão de sintomas.

Até 1914 a psicanálise ainda não tinha sido muito divulgada, os estudos gestaltistas sobre percepção, sim. Mas as guerras estigmatizaram todo o pensamento *made in Germany* e não foi diferente no que se refere ao pensamento dos judeus alemães Koffka, Koehler e Wertheimer. Surgiu um hiato. Depois dos anos 1950, já na pós II Guerra Mundial, a psiquiatria e psicologia americanas eram, em sua maior parte, constituídas de profissionais egressos da Europa. O pensamento de Freud foi estudado, publicado e entronizado como solução para os problemas criados pela nova ordem mundial. A elite americana e as celebridades de Hollywood frequentavam os consultórios dos psicanalistas americanos, foi um período de grande divulgação do pensamento psicanalítico inclusive nas ciências sociais, e essa empolgação foi exportada para nós, via Buenos Aires, com núcleo de psiquiatras e psicólogos emigrados da Europa na América Latina. A maneira de pensar e de perceber o mundo era dividindo-o entre realidades orgânica (biológica) e psicológica (psicanalítica). O mundo ficou repartido entre analisados e não analisados. As influências resultantes da expansão do pensamento freudiano, do pensamento psicanalítico, foram grandes e a antropologia americana, principalmente nos trabalhos de Ralph Linton, Ruth Benedicte e Margareth Mead, atestam isso.

As questões psicológicas ficaram reduzidas ao enfoque clínico, ao industrial e ao escolar. A psicologia se transformou em uma ferramenta útil à sociedade, abandonando suas problemáticas epistemológicas, suas problemáticas teóricas. Na clínica prevaleciam as ideias psicanalíticas.

Na indústria, o behaviorismo imperava. O lema era: o homem certo para o trabalho adequado. Na escola, na educação, encontrávamos uma mistura das duas abordagens, psicanálise e behaviorismo, ao que se acrescentavam as visões funcionalistas de Piaget e Dewey. Desde então não se retorna mais à questão da percepção, tão bem desenvolvida pelos gestaltistas, embora sempre se trabalhe com a clássica divisão existente entre sensação e percepção.

Em meu trabalho retomo a questão da percepção do ponto em que a deixaram os gestaltistas.

Para mim, perceber é conhecer, e isso resulta do processo relacional do *estar no mundo*. Todo conhecimento é processo perceptivo. As implicações disso são principalmente duas: primeiro, basta estar vivo para perceber, para conhecer; esse processo relacional decorre do funcionamento da estrutura biológica, neurocerebral; e segundo, consciência é percepção.

> *A percepção é como se fosse um recorte, é o destaque. O destacado é a figura percebida, não significa; seu contexto, seu estruturante relacional – Fundo, não é percebido. O destacado, a Figura, é o que possibilita a integração, o relacionamento – é o dado relacional. O não destacado, o Fundo, é responsável pela continuidade relacional significativa. Para a Gestalt Psychology – escola de psicologia alemã, criada em 1912 por Koffka, Koehler e Wertheimer – "toda percepção se dá em termos de Figura e Fundo", o que percebemos é a Figura, o Fundo nunca é percebido, embora seja o estruturante, o contexto da percepção figural; existe sempre uma reversibilidade entre Figura e Fundo. O que é Figura transforma-se em Fundo e vice-versa. Algumas configurações têm uma estruturação que favorece essa reversibilidade, outras têm uma estruturação que a dificulta, devido a pregnância do figural.[5]*

5   CAMPOS, Vera F.A. *Desespero e maldade – Estudos perceptivos –*

Perceber é conhecer, "perceber que percebe" é categorizar. Categorização é o relacionamento da percepção com seu contexto estruturante. Desse relacionamento surge o significado que nem sempre é estruturado no mesmo contexto do percebido. Exemplo: percebo algo diante de mim, digo que percebo um livro, essa nomeação livro decorre de ter sido relacionado, o livro percebido com dados de memória (percepção passada). Poderia também dizer que é um objeto azul, ou aquilo que comprei ontem ou o que me foi presenteado por um amigo. Essas categorizações, dariam significado ao percebido, significado esse que pode não ser valorizado ou pode ser valorizado positiva ou negativamente.

Categorizar é ampliar os contextos de percepção, consequentemente de conhecimento. A memória é a percepção estocada e o pensamento é o prolongamento da percepção. Prolongar a percepção é relacionar as várias percepções na dimensão presente, na dimensão passada ou na dimensão futura.

Não existe mente, ou consciência como receptáculo, como entidade posicionada. O pensamento e a memória também não têm zonas cerebrais específicas responsáveis por esses processos. O cérebro é um todo, uma estrutura que processa percepções responsáveis por informações e comunicações. Tudo vai depender dos processos perceptivos, garantidos por estruturas cerebrais neurológicas. A percepção é o processo interativo estruturador de processos psicológicos: vida psicológica é vida perceptiva.

Como expressamos o que percebemos? Só expressamos o que percebemos quando categorizamos, quando

---

relação Figura-Fundo. Salvador, Edição da Autora, 1999, p. 17.

percebemos que percebemos. Ao perceber, nada acontece além de perceber embora comecem a se estruturar contextos para a "percepção da percepção", responsável pela categorização do percebido e passível de expressá-lo. Para expressar é necessário categorizar. O primeiro outro sou eu mesma diante do que percebo. A percepção é conhecimento, saber que conhece, "perceber que percebe", é a categorização responsável pelo monólogo e pelo diálogo. Essa organização categorial estabelece um sistema de códigos, ícones, senhas – um sistema linguístico, uma linguagem, denotativa e conotativa. O percebido é nomeado, categorizado – esse prolongamento é o pensamento. Primeiro se pensa, depois se fala ou se fala porque se pensa. Bem diferente do que muitos teóricos postulam quando afirmam que não havendo a palavra não existe o objeto, não existe o pensamento, não existe o sentimento. Para eles o homem tribal da África não pode perceber e pensar em supersônico ou equivalente. Achamos que ele pode sim e vai se referir a isso com uma palavra inusual que para ele terá o mesmo sentido de supersônico para nós.

Linguagem

construção da fala, a expressão do pensamento através de palavras, através da linguagem é um processo perceptivo. Falar é expressar a organização e significado de relações percebidas. Nesse processo a existência do organizado pode se dar em vários níveis do factual, do denso até o sutil, o inefável. Existir é ocupar um lugar no espaço e no tempo, existir não é apenas o corporeamente denso. Este pré-juízo, *a priori* empírico, dividiu o mundo em real, imaginário e simbólico, possibilitando imediatamente a mediação, a criação do conceito de representação. Os filósofos e teóricos do século XVII, XVIII, XIX e XX dedicaram-se a entender e resolver essa questão, criando mais divisões e confusões. Do empirismo de Locke questionado por Leibniz no século XVII, desponta no século XX Jean Paul Sartre com sua teoria sobre a imagem e o imaginário, querendo, através de resíduos fenomenológicos, entender a representação mental. Sartre dizia:

> *A imagem é definida por sua intenção. A intenção é o que faz com que a imagem de Pierre seja a consciência de Pierre... uma imagem não pode existir sem um saber que a constitua. É a razão profunda do fenômeno da quase observação. O saber, ao contrário, pode existir em estado livre, ou seja, constituir por si só uma consciência.*[6]

---

6 SARTRE, Jean Paul. *O imaginário*. São Paulo, Editora Ática S.A., 1996, pp. 83-84.

Dizer que o representado, o imaginado, nem sempre é uma cópia fiel do existente reacendeu as problemáticas platônicas e cartesianas; o mundo das ideias, agora podia ser entendido como o mundo do representado. E o que era a representação? A simbolização do existente. Freud, por exemplo, pôde então concluir que real é o fantasiado, o simbolizado, o representado, o imaginado, assim dedicou-se ao estudo do símbolo como expressão principal da vida psicológica.

Quando se representa, fantasia, simboliza ou imagina, o chamado objeto real, que possibilita esse processo, é transportado de um contexto, uma estrutura, uma rede x, y ou n, para outra situação cuja estrutura é diferente da anterior que possibilitou a percepção. Essa nova percepção é real, ela não é a representação, imaginação ou simbolização; apenas ocorre em outro espaço e outro tempo. Muito do que se chama representação, simbolização, imaginação são dados de memória, processos de memória. Como os contextos estruturantes das novas percepções são diferentes, surgem as mediações entre o percebido e o lembrado, o memorizado.

Se cai em dualismos quando não se entende o processo cognitivo, o conhecimento como sinônimo de processo perceptivo, ou quando se entende percepção como função organizadora de dados sensoriais ou inconscientes.

A representação não é uma cópia do real, ela é uma percepção de uma realidade passada, recontextualizada. Esse processo frequentemente cria distorção perceptiva originada pela própria organização perceptiva; às vezes o pregnante nesse processo perceptivo é a *closura*, outras vezes é a proximidade de dados e relações percebidas. Lembrar ou esquecer também está submetido ao processo perceptivo.

A representação de um objeto, entendida como sua cópia, constitui o que comumente se chama de imagem. O retrato, a foto é vista como cópia, a representação por excelência da realidade que visualmente se percebe. Se diz que essa imagem, essa cópia, esse retrato, é diferente do real. Dizer isso implica em criar categorias para visualização do real.

Real é o que se percebe; a foto do livro ou o livro são reais. Essa diferença é feita através de critérios como o de densidade, por exemplo. Ver a imagem de um copo d'água, de uma cascata, não permite que se beba a água nem que se tome banho, entretanto se conhece tanto a água para beber, quanto fica indicada a cascata que pode propiciar um banho. Não esgotar as possibilidades do que se percebe não significa transformá-lo em irreal. Real e irreal só podem ser configurados enquanto dados perceptivos, caso contrário cairemos em dualismos ao falar em ato e potência, existente e não existente, por exemplo. A realidade virtual, fundamentalmente percebida através da visão, é um exemplo de transposição perceptiva; pela visão adquirimos informações táteis, auditivas. Essas sinestesias nos orientam para apreensões do que está diante de nós, que é o real, é o percebido. A realidade não precisa ser copiada, representada, simbolizada ou imaginada. Ela é sempre a realidade que agora se estrutura em outros contextos, criando assim significados, percepções outras que não a destroem. Isso vale para a representação, a simbolização, a imaginação.

Referir-se a qualquer vivência, qualquer conhecimento é estruturar contextos possibilitadores de percepção de existência. Bimal K. Matilal, em texto intitulado "Referência e Existência", diz:

Kumarila, uma vez fez uma observação muito importante: palavra ou fala podem gerar cognição, mesmo de entidades que são totalmente não existentes. O fato de serem "significativas" e gramaticalmente aceitáveis, expressões na linguagem que supostamente se referem ou denotam alguma entidade ou entidades, mas que na verdade não se refere a nada em nosso mundo de experiência, tem frequentemente proposto um quebra-cabeça para filósofos e lógicos. É de alguma forma paradoxal dizer que nos referimos a entidades não existentes através de expressões como: "os chifres do coelho", "as flores do céu" ou "o filho da mulher estéril". Tudo o que temos aqui é uma classe de expressões significativas que compartilham a mesma estrutura substancial e possuem a propriedade gramatical de um nome apropriado, no sentido de que podem ser usados com sucesso em contextos em que nomes apropriados devem ser usados. Essas expressões têm sido chamadas de vacuous *ou termos vazios. O problema surge quando tais termos ocupam a posição de sujeitos em uma sentença, um problema que é tanto lógico quanto epistemológico.*[7]

O entendimento de uma frase ou expressão substantiva não significa que ela tenha uma referência; em outras palavras, o entendimento de seu significado precede o conhecimento se a expressão realmente se refere ou não a qualquer entidade real. Essa é a razão de nos referirmos a tais expressões como "significativas", apesar delas não se referirem a nada.[8]

Esses significados sempre decorrem de um dado perceptivo; a superposição de dados perceptivos cria o insólito, o inédito, o configurado por termos vazios, embora passíveis de denominações gramaticais.

---

7   MATILAL, B. Krishna. *Logic Language and Reality*, no capítulo "Referência e Existência". Delhi, Motilal Banarsidass, 1997, p. 85.

8   *Ibid. Logic Language and Reality*, no capítulo "Referência e Existência". Delhi, Motilal Banarsidass, 1997, p. 86.

A percepção e a expressão dos próprios problemas através de termos vazios, de denominação de situações que se referem a tudo por não se referirem a nada, são frequentes na psicoterapia. Um indivíduo que se sente raivoso, abandonado, e atribui esses problemas ao pai que nunca conheceu é um exemplo dessa vacuidade utilizada como explicação das dificuldades do existir. Perceber a não aceitação e seus deslocamentos é tornar consistente, nada vazia, a vivência de sua problemática.

Em psicoterapia gestaltista, durante o desenrolar do processo terapêutico, através de diálogos e questionamentos, estruturam-se novos sistemas de referência em que as problemáticas existentes são percebidas de nova maneira. Essa nova percepção, permite um novo comportamento, possibilitando uma nova significação representativa dos problemas, das vivências. Perceber que se o problema do outro lhe aflige, o problema é seu, gera mudança. O contexto estruturante de culpas, medos e desejos é de outra forma representado, significado, imaginado, pois é outra percepção. Dinamizar posicionamentos, globalizar fragmentações é integrador. Percebe-se que para acabar com a dor, com o sintoma, é necessário mudar o ponto de apoio, criar novas interações, novos sentidos relacionais.

"Perceber que se percebe" é categorizar e isso também pode ser entendido como reconhecer. O reconhecimento não implica apenas em memória. Lançar mão de percepções passadas, memorizadas e reorganizá-las, dar novo contexto as mesmas, exige e cria uma dinâmica. Esse agrupamento, essa organização é feita segundo as leis da percepção. O elemento figural, o que é percebido, se contextualiza segundo aspectos, critérios de semelhança, proximidade, boa continuidade, boa forma, closura, destino comum e simetria.

Já sabemos que toda percepção se dá em termos de Figura e Fundo. Sabemos também que o percebido é a Figura e que o Fundo embora seja o estruturante contextual da percepção, nunca é percebido. Além dessa lei básica, existe na *Gestalt Psychology*, mais algumas leis responsáveis pela explicação do fenômeno perceptivo:

1) *Agrupamento por proximidade:* em condições iguais, os estímulos mais próximos terão maior possibilidade de serem agrupados. A proximidade pode ser espacial ou temporal;

2) *Agrupamento por semelhança:* em condições iguais, os estímulos mais semelhantes entre si terão maior possibilidade de serem agrupados;

3) *Agrupamento por boa forma:* os estímulos que formam uma boa forma (figura) terão a tendência para serem agrupados;

4) *Simetria:* a preferência pelo agrupamento que leve a todos simétricos ou equilibrados e não a todos assimétricos;

5) *Fechamento ou closura:* o agrupamento de elementos de maneira a constituir uma figura total mais fechada ou mais completa;

6) *Destino comum:* a preferência pelo agrupamento dos elementos que se movem ou se transformam em uma direção comum e assim, se distinguem dos que têm outras direções de movimento ou na mudança do campo.

Trabalhando com a percepção, conhecendo suas leis, que estão ancoradas na física e na neurologia, fica mais fácil entender a organização psicológica. É pela percepção que conhecemos.

As ideias de mente, de consciência, enfim, de um poder central que organiza, seleciona e conscientiza os dados relacionais, é totalmente elementarista, é uma preexistência arbitrária. Não existe consciência, nem mente, nem existe o ego, o superego e o id. O que existe é possibilidade de relacionamento e uma estrutura orgânica, neurofisiológica, comunicadores químicos (neuropeptídios). Existe, portanto, conhecimento tátil, visual, olfativo, gustativo, auditivo, proprioceptivo, cinestésico, cenestésico e estereoceptivo. Minha língua escolhe, meu corpo sabe, meu nariz decide, meus ouvidos me orientam, minha pele me estabiliza. A percepção estrutura posicionamentos, comumente chamados de Ego, eu mesmo.[9]

Ao categorizar, recontextualizamos as percepções. Essa nova organização permite novas configurações, permite reorganização. Nessa dinâmica se estrutura e processa o pensamento, contexto necessário para o estabelecimento da linguagem. A linguagem é como se fosse o posicionamento das diversas relações. Além do percebido e de pensar sobre ele, o denomino, o nomino. A linguagem é o processamento do pensamento, consequentemente a linguagem é estruturada pela percepção.

Pensamento como prolongamento da percepção é a continuidade de categorizações, é a sequência perceptiva, expressiva de memórias e vivências. Nesse sentido o pensamento é único e individualizante, salvo situações nas quais as categorias são sempre regras ou clichês, como por exemplo os dogmas religiosos, as regras conservadoras das famílias, os preconceitos – conceitos antecipados – as dicotomias, padrões utilizados pelas ditaduras governamentais, religiosas e familiares que balizam, limitam e determinam o pensamento.

---

9 CAMPOS, Vera F.A. *Desespero e maldade – Estudos perceptivos – relação Figura-Fundo*. Salvador, Edição da Autora, 1999, p. 33.

Pensar pode ser alienante ou individualizante. Mudando a percepção, muda o comportamento, muda o pensamento. Em psicoterapia gestaltista, através de antíteses, questionamos supostos dualismos, certezas paradoxais, estereótipos desvitalizadores, gerando mudança. Se o percebido já é um dado categorizado, dogmatizado, os prolongamentos perceptivos diminuem, o pensamento rareia. Na psicoterapia, quando questionamos as atitudes, as expressões relacionais, quando questionamos comportamentos, buscamos desmontar as muralhas, as proteções, os impedimentos categoriais. O questionamento é a antítese responsável pela mudança, pela quebra, pela realização do "tudo que é sólido desmancha no ar". A solidez da neurose, por exemplo, ou o estabelecimento de direitos e deveres, pode gerar questionamentos responsáveis por mudança.

Falamos porque pensamos, porque percebemos que percebemos, porque categorizamos.

Aprendemos uma língua, aprendemos palavras e gramática para expressar nossas percepções, expressar nosso pensamento. A linguagem não existe como finalidade, como objetivo. Os processos não são teleológicos, as estruturas são organizações processuais, são dinâmicas. A linguagem não se restringe à língua, à linguagem verbal. Linguagem é também o conjunto de gestos, desenhos, mapas e expressões veiculadoras do que penso, percebo (sinto e sei), desde que perceber é conhecer, perceber é saber, é sentir. Sem a linguagem estaríamos ilhados, bloqueados, impermeabilizados ao outro. Não haver linguagem significa não haver "percepção da percepção" – categorização. Significa não estar se relacionando com o outro, com o mundo, consigo mesmo. Esse esvaziamento só é possível em situação limite em que o único existente é o que se percebe, no qual não há antítese, não há dinâmica interativa que possibilite "perceber que se percebe". Doenças degenerativas como Alzheimer, lesões cerebrais, ou "retirada do mundo" através do autismo ou das catatonias esquizofrênicas, atestam isso tanto quanto demonstram a base biológica, neurofisiológica dos processos perceptivos.

Problemas relacionais, os chamados *déficits* comportamentais encontrados nas crianças podem ser explicados pela ausência do outro. Pai, mãe ou equivalente não se relacionam com a criança, salvo em função de contingências e demandas ambientais. Esse empobrecimento relacional é a falta de dados para se relacionar que segmenta, fragmenta o percebido, faz com que apenas se tente perceber que está percebendo. Essa tentativa inunda de ansiedade. Ansiedade é resultado da tentativa de alcançar e ser alcançado pelo outro. A frustração gerada pela ansiedade é expressa por agressividade, timidez e às vezes mutismo. O vazio, a falta de ponte, caracteriza o que deveria ser ligado.

Como um sistema pode mudar suas próprias referências? Por interação, fricção ou choques com outros sistemas. Nas interações surgem ampliação e reorganização. Nas fricções, surgem antíteses responsáveis por sínteses ou antíteses destruidoras do sistema, ou dos sistemas. No choque há fragmentação, esmigalhamento. O outro me transforma para o mal ou para o bem, entendendo bem e mal no sentido de integridade ou massificação. Sem o outro não há expressão, manifestação, exteriorização, comunicação. O outro pode ser eu mesma em situação de fragmentação, desintegração.

Caso o homem seja seu próprio sistema de referência, nada fora desse sistema o atinge, quando o atinge já existe uma referência em seu sistema. Esse aspecto da autorreferência típico dos sistemas humanos é muito característico, frequente nas relações interpessoais e grupais, nas relações com o outro, com o mundo e consigo mesmo. O que acontece, o que ocorre entre as pessoas, entre grupos e elas próprias não define as motivações individuais, nem as revelam ou exteriorizam. Imaginar o inconsciente foi uma maneira de tentar explicar a dificuldade de comunicação, a preponderância de enganos, mentiras e dificuldades humanas ao lidar com as expressões de seus desejos, vontades e crenças. Esse sistema autorreferenciado explica também a dificuldade de mudar comportamentos, hábitos ou conceitos preestabelecidos (preconceitos).

Afirmar que o indivíduo é um sistema fechado, não recebe nada de fora, implica em admitir um indivíduo isolado, tipo bloco compacto, jogado no mundo. Fora e externo não existem, tampouco um indivíduo isolado, blindado: cego, surdo, mudo, anósmico, sem pele. O que existe são redes de relações, sistemas processuais. O indivíduo estrutura e é estruturado por essas redes relacionais. Qualquer coisa, (ser) com o qual ele interaja o afeta e vice-versa. Não há dentro nem fora, não há externo ou interno. Se houvesse o fora, ele não o afetaria, desde que não houvesse ponto de contato, não haveria relação. Só um indivíduo pensado como separado do mundo, tem espaço interno e externo, dentro e fora. O indivíduo não está separado do mundo, indivíduo e mundo constituem uma totalidade (*gestalt*). Entender o indivíduo ou o mundo como resultantes, consequências de causas outras, estabelece categorias, classes e parâmetros elementaristas que são responsáveis pela não percepção da totalidade *indivíduo no mundo*. Saindo dessa evidência, *indivíduo no mundo*, considerando-a um resultado, seja lá do que for, superpõe-se contextos, explicações, novos dados criadores de novas percepções. Esses novos contextos explicativos: ora o indivíduo – o ser – ora o mundo, estrutura infinitas divisões, tais como as problemáticas de criador e criatura. O mundo cria o homem, ou o homem o cria; meu corpo resulta de minha consciência ou ela o cria. Esses dualismos dificultam, impedem o conhecimento do *ser no mundo*.

Para que o indivíduo se perceba é necessário que haja uma mediação, um distanciamento, um afastamento de si mesmo. Não podemos ver o próprio chão que pisamos, embora possamos ver o chão que nos rodeia. O chão em que se pisa não é percebido pelos olhos embora seja percebido pelo tato. O olhar atinge o afastado enquanto o tato integra o que está perto. O distante é conhecido – percebido –, aproximado; o junto é absorvido, conhecido – percebido –, diluído.

Quando falo em si mesmo não é no sentido do próprio referencial, no sentido do próprio espaço, mas sim no sentido do deslocamento, do posicionamento estruturante do meu eu, do meu sistema de referências.

> *Montado o eu, estruturado o sistema de referências, temos o contexto a partir do qual são percebidas as relações estabelecidas com o outro, com o mundo e comigo. Quanto mais é mantido esse sistema de referência, mais autorreferenciado é o indivíduo, maiores são os posicionamentos, os a priori desenvolvidos na relação com o outro, com o mundo e consigo mesmo. Menos dinâmica, menos possibilidade de transformação, mais ajuste, mais adaptação, é o que caracteriza essa manutenção. Podemos dizer que o eu ego é o autorreferenciamento, é o posicionamento. O estacionamento do ser é o eu, o ego. Sempre haverá eu, pois todo relacionamento implica em posicionamento, responsável por novos relacionamentos*

e assim infinitamente. A questão é o tempo de permanência nas paradas, no estacionamento, no posicionamento. O problema não é perder ou manter o eu, *o problema é perder o presente, mantê-lo imobilizado no contexto do passado, viver através dos filtros da comparação e avaliação... O* eu − *sistema de referência mantido através de arquivos, catálogos etc. − é atualizado pela categorização, esgotando no posicionamento sua possibilidade de mudança. Todo sistema mantém, atualiza e muda. Sistema é processamento de movimentos. Processar movimentos implica atualização, manutenção e mudança. O* eu *como sistema de referência é mantido pela memória, atualizado pela percepção e mudado pela interação estabelecida com os diversos contextos estruturantes.*[10]

A estruturação do *eu* e do si mesmo pode também ser considerada como a formação de identidade, de personalidade. Esses identificadores são conseguidos através dos sistemas de referência, via de regra sistemas coletivos e sociais não individualizantes apesar de identificadores. O ser (possibilidades relacionais) é tragado, drenado pelos sistemas econômicos, sociais e familiares. Essa multiplicidade de contextos oferecida pelos sistemas é reduzida a padrões. Encaixar-se no padrão, fugir de outros padrões conforme seus significados são percebidos e categorizados, passa a ser o objetivo, a meta do ser humano.

A satisfação de necessidades estanca o exercício de possibilidades, desde que as mesmas são utilizadas, são matérias-primas formadoras da identidade social, formadoras do personagem, formadoras da pessoa. Vestir roupas de grife, ler *bestsellers*, consumir o que os mitos sociais, o que as celebridades consomem; evitar os hábitos típicos da pobreza e dos não famosos, dos socialmente medianos,

---

10   *Ibid. A questão do ser, do si mesmo e do eu.* Rio de Janeiro, Relume Dumará, 2002, pp. 46 e 48.

é a regra, o padrão a ser seguido. O conhecimento do outro, o relacionamento com o outro é feito através do perfil, da ficha cadastral, dos índices de sucesso ou de insucesso.

Vejamos, agora, outro contexto da estruturação perceptiva, do que se costuma chamar de representação e simbolização, de significação.

Ao "perceber que percebemos", categorizamos, incluímos o percebido em referenciais, contextos anteriormente percebidos. Essa formação de sequências categoriais estabelece sentido, dá significado ao percebido. Significar é organizar, perceber segundo as leis Figura-Fundo, de proximidade, de semelhança, de boa forma, de continuidade, destino comum, simetria e closura. Desse modo aprendemos a língua falada pelos que nos cercam. A linguagem, como tudo que nos constitui, nos é transmitida por referenciais apreendidos perceptivamente. Falamos porque percebemos e somos percebidos. No início do processo de formação e aquisição de linguagem, ela é um processo completamente individualizado, com significados específicos e expressivos das percepções, categorizações individuais. Nesse sentido podemos dizer que a linguagem indica a realidade à medida que a substitui. Na continuidade do processo de desenvolvimento motor, de desenvolvimento verbal, a linguagem é organizada segundo os contextos, as categorias estruturantes das percepções, das relações estabelecidas e assim ela simboliza e constrói imagens. A criança ao ouvir o som da chave abrindo a porta grita "papai". A percepção do som que a chave faz na abertura da porta indica para a criança a chegada do pai. Por semelhança, closura e boa forma, ela, a criança, percebe e informa sobre a chegada do pai. Relacionar porta, chave, pai e beijo é uma questão de contexto, uma boa direção continuada das percepções.

Autores filiados ao pensamento psicanalítico acham que simbolizar é representar, reproduzir o real. Eles acrescentam também o significado como condição necessária a formação do imaginário. Simbólico, real e imaginário são os aspectos da expressão e função do inconsciente. Para eles, todo processo de conhecimento se dá no nível inconsciente. A percepção é considerada um mecanismo projetivo de demandas, fantasias e desejos inconscientes, instintivos.

> *Lacan, por exemplo, postulou que a vida psíquica dos homens busca constantemente representar e lidar com o estado de coisas primordial que ele chama de real. O real em si é impossível. Impossível de conhecer, impossível de atingir, embora criemos permanentemente mitos balizadores. Talvez o mito do princípio envolva a ruptura de uma união básica, a separação do corpo da mãe, deixando-nos com um sentimento fundamental de incompletude. As fantasias em torno dessa insuficiência são universais, conduzindo igualmente os psiquismos de pacientes e de analistas. Na psique, essa ausência é traduzida como desejo e a aventura humana é uma história de desejo que incessantemente se perde e se descobre no que Lacan chama de ordens do simbólico e do imaginário. Nascido de uma ruptura, o destino do desejo é a busca infinita do objeto perdido e todos os objetos reais simplesmente interrompem essa busca.[11]*

Ao estabelecer tipos, conceitos de representação ou simbolização criou-se um elementarismo gerado pela admissão de um grande núcleo criador: o inconsciente.

Para nós a percepção não é um mecanismo projetivo. Para nós percepção é conhecimento, é a relação que estabelecemos com o outro, com o mundo e com nós próprios.

---

11 CLEMENT, Catherine; KAKAR, Sudhir. *A louca e o santo*. Rio de Janeiro, Relume Dumará, 1993, p. 138.

Os significados, as representações e simbolizações vão depender do processo perceptivo. As significações, as representações ou simbolizações transportam nossas percepções para outros contextos, organizando, expressando e significando nossas percepções segundo closuras, proximidade, semelhança etc. O símbolo como representação da realidade sempre implica em distorção perceptiva.

No processo perceptivo tudo é estruturado e explicado pela própria relação configurativa dos processos perceptivos. Não há causas, não há origem, tudo é uma totalidade relacional situada em determinado tempo e espaço. Quanto mais nos relacionamos com o outro, mais nos expressamos através de palavras, de linguagem. Esse processo relacional estrutura contextos, informações sequenciais, referências significativas, simbólicas.

Cada relacionamento específico corresponde a um contexto, uma estrutura relacional, significativamente vivenciada como boa, ruim, agradável, desagradável etc. Olhares que são apelos e restrições, gestos que eloquentemente demonstram desejos constituem as linguagens relacionais cotidianas. As pessoas percebem e se relacionam através de suas percepções, principalmente com seus interlocutores, mesmo não familiares. Comandos, ordens, são percebidas. Sons, falas e gestos são apreendidos. Olhar para o transeunte e ameaçá-lo desencadeia o comportamento reativo, agressivo ou medroso do outro.

> *A linguagem é um dos primeiros mediadores humanos. Quando aprendemos a falar nos apoderamos de uma imensa rede de significados, própria de inúmeros indivíduos que constituem nosso grupo linguístico. A língua, essa mediação, permite perceber nossa história, nossos sentimentos, nossas semelhanças e diferenças. A linguagem é um tapete mágico que permite atingir outras dimensões, conhecer*

outras realidades, adquirir novas mediações, novos valores. A língua nos é mediada por um outro, mediador do valor, do significado. O outro, o semelhante é o mediador preexistente.[12]

> *A linguagem é resultante do entrelaçamento contextual das relações significativas, da percepção do percebido e não um a priori do que vai ser significado – [...] Se apenas percebêssemos, não categorizássemos, se vivenciássemos o presente contextualizado no presente, sem antes nem depois, seria impossível a comunicação com o outro ou até mesmo com nós próprios, conheceríamos, mas não categorizaríamos, não saberíamos, faltar-nos-ia a interseção necessária para contextualizar o vivenciado, significando-o. Esse ponto mostra como o significado, a linguagem, seja em que nível for, é básica para comunicar e expressar. A cadeia significativa responsável pelos signos, senhas das diversas linguagens, surge do percebido, mas só significa e comunica quando essas percepções são categorizadas. O contexto básico a partir do qual tudo é conhecido é o perceptivo, entretanto a denominação e a expressão disso só são possíveis através de uma linguagem.*[13]

Os estudos sobre a linguagem, ainda no século XX, mantêm os dualismos cartesianos, as divisões entre corpo e alma, entre fisiológico e psicológico através de conceitos filosóficos híbridos. Muitos pensadores se ocuparam da questão dos símbolos, da imagem como representação ou cópia. Sartre na filosofia, conceituando a imaginação, e Magritte na pintura são eloquentes na busca desse entendimento, basta lembrar o quadro *Ceci n'est pas une pipe*. Magritte achava que uma imagem pintada não representa ideias ou sentimentos, mas que sentimentos ou ideias podem representar uma imagem pintada.

---

12   CAMPOS, Vera F.A. *A questão do ser do si mesmo e do eu*. Rio de Janeiro, Relume Dumará, 2002, p. 65.

13   *Ibid. A realidade da ilusão, a ilusão da realidade*. Rio de Janeiro, Relume Dumará, 2004, pp. 17-18 e 23.

Sartre, ao conceituar imagem e imaginário como representação do real, diferente do mesmo, cria uma nova categoria, ainda dualista. Lacan, através de alquimias com conceitos estruturalistas, fala do real como impossível de ser atingido, estabelecendo assim a importância do simbólico, do representado, das fantasias como maneira de acessar o desejado. O estudo dos subprodutos (imagem, representação e símbolo) transformando-os em processos independentes e autônomos, restauram a visão elementarista e dualista na abordagem do humano, e tudo por ele realizado: linguagem, pensamento, comportamento.

Na minha concepção, conhecer é perceber. Percebemos um objeto, um livro, por exemplo, memorizamos sua forma, sua *gestalt*, e a partir disso estabelecemos imagens identificatórias. Essas imagens são resumos, senhas de acesso às percepções estocadas, memorizadas. Qualquer modificação dessa imagem ou ruptura do real será feita através de novas contextualizações. Imaginar é lembrar, dinamizar essa lembrança com dados presentes. Poderíamos também dizer: o real diferente do representado é a imagem simbolizada ou a imagem simbolizada não é real, nem quando representada significa sua realidade. Essas considerações paradoxais são unificadas quando estabelecemos contextos de referência mediadores, como os da relação psicoterápica, por exemplo.

O outro é o diferente tanto quanto é o semelhante. Quando se percebe o outro, percebe-se a diferença e através dessa categorização, percebe-se a semelhança; assim se forma a memória, ou o que se chama de imagem, representação e simbolização. O outro quando percebido é o diferente, é o *não eu*. Ao "perceber que percebe", ao categorizar, vê-se que é o semelhante: outro ser humano, igual a si. A percepção é um destaque, o colocar diante, nesse sentido, é dissociativa. Por exemplo: vê-se o próprio braço, não se sabe o que é, só ao categorizar é que se integra como o próprio braço, estabelecendo-se então, relacionamentos não dissociativos, inclusivos. Nesse sentido, gera-se uma linguagem, a língua falada em comum, surgem as identidades culturais, os processos de afinidades relacionais. Ao perceber, se destaca, ao "perceber que percebe", categoriza-se: é a inclusão, a contextualização, a continuidade.

O processo neurótico, o processo da não aceitação é uma continuidade de ilhas, pontes a encobrir, a evitar. O questionamento da não aceitação realizado em psicoterapia gestaltista cria uma continuidade responsável por identificação de semelhança, proximidade, closura, destruidoras de pontes e ilhas, segmentos, espaços. Descobertas as leis gerais, surge inclusão, integração e a não aceitação é transformada. Contar a história de sua vida, configurar e contextualizar suas vivências possibilita novas percepções, dinamiza, liberta.

A linguagem é uma possibilidade de libertação pela ampliação de contextos, de percepção que possibilita, seja em relação a si próprio, seja em relação ao outro ou ao mundo. Entender, ouvir o pensamento do outro, ler sobre vivências, comentários e teorias é a magia da transformação. Relatos de viagens, diários, mapas, dão acesso a outra realidade. São linguagens, ferramentas responsáveis por abertura, ampliação de contextos. O movimento humano, o movimento social, técnico e científico sempre estão contextualizados no processo linguístico, em seus significados. A linguagem é o infinito, a quebra de limite, a mudança de referenciais perceptivos. A realização e poder da criança ao aprender a língua; a linguagem própria dos esquizofrênicos; o jargão falado nas comunidades; a gíria dos jovens sempre estão a revelar processos perceptivos, maneiras de lidar com o existente, maneiras de expressar o pensamento.

Indivíduo no mundo é um processo relacional, que só pode ser configurado enquanto Figura-Fundo. Sempre que percebemos a Figura, não percebemos o Fundo, existe uma impossibilidade da percepção simultânea da Figura e do Fundo, tanto quanto existe uma reversibilidade nessa percepção. Sempre são necessárias mediações para que a própria pessoa se perceba. Espelhos, lagos e outras superfícies que permitam esses reflexos são mediações que possibilitam a percepção de si mesmo. O outro, outro ser diante de mim, é uma mediação, um espelho, um reflexo, uma expressão, uma manifestação comunicativa. Se o outro é percebido como distante, ele pode passar a ser um modelo, uma referência a ser seguida ou evitada, pode ser o diferente de mim. Se é percebido como próximo, ele pode ser transformado em sustentáculo, base que me segura, da qual dependo e assim ser transformado em *eu* próprio. Esse processo – total aproximação – pode ser a causa do desaparecimento do outro, causado pela transformação do mesmo em meu próprio referencial. Meu semelhante, é meu igual, sou eu.

Essa impossibilidade de se "perceber percebendo" é típica dos processos relacionais. É um paradoxo, cria uma descontinuidade, fragmenta. Ao fragmentar, temos sistema de referência convergente que é o parâmetro para tudo que é percebido. É o sistema de convergência, estruturado pelo autorreferenciamento. O externo, diferente ou semelhante, o outro é percebido no próprio sistema relacional.

52 Não se consegue percebê-lo como uma figura de outro sistema que não o próprio. Husserl quando falava de suspensão lógica (*epoché*) como uma maneira de chegar ao fenômeno, a essência da coisa como ele dizia, falava que era preciso "limpar" a facticidade para chegar a essência do fenômeno. "Perceber o percebido" em seu próprio contexto de estruturação é diferente de "perceber o percebido" em outro contexto, em outro sistema de referência. Quando "percebemos o percebido" em seu próprio contexto surge o novo, aquilo que não foi envelhecido, familiarizado pela analogia. A percepção é um processo relacional. Como conhecimento ela é um ponto de fusão, integração dentro de uma rede relacional ou é um ponto de junção para estabelecer um alargamento de meus referenciais, que são utilizados como contextos significativos e tradutores do percebido.

A possibilidade de se "perceber percebendo", só é possível pela quebra, pela fragmentação. Essa descontinuidade cria os sistemas de convergência. É o autorreferenciamento. Somos medida e parâmetro, referência de todo o percebido. Para mudar isso é necessário mudar o contexto estruturante da percepção, e quando isso acontece tenho o outro diante de mim como estruturante.

Nos processos relacionais a impossibilidade de perceber o outro decorre do autorreferenciamento: isto é, sempre se percebe o outro, e tudo que acontece referenciado em função de desejos, medos, sempre se percebe através dos próprios referenciais de memória, pensamento, vivências. A formação desse referencial foi estabelecida como um sistema sinalizador do que seria bom ou do que seria ruim. Esse referencial foi construído através de regras úteis à sobrevivência. Senhas, ferramentas e valores necessários para a realização dos próprios objetivos. O outro é sempre percebido como matéria-prima boa para realização do que é preciso, ou como desnecessário, como matéria-prima ruim para os planos. Essa função instrumental conferida ao outro, transforma-o em objeto, em coisa. Qualquer situação, acontecimento ou pessoa, não consegue mudar esse perceber, pois só é percebido nesse contexto. Esse processo, ao longo do tempo, cria um nível de autorreferenciamento impermeabilizador, desvitalizador do *ser no mundo*. Surgem problemas, sintomas fragmentadores.

Como a psicoterapia gestaltista pode atingir esses seres? Como o externo pode mudá-los se eles estão blindados e impermeabilizados? Qualquer coisa que os atinja, automaticamente é contextualizada em seus próprios referenciais, nessa estrutura autorreferenciada. A psicoterapia é percebida como a ferramenta, a alavanca, a corda que vai tirá-los do fundo do poço, que vai fazer desaparecer os sintomas. Instrumentalizam a terapia, se apoderam de verdades e soluções, transformando-as em genéricos salvadores. Esse apego, essa necessidade, cria a adesão. Essa colagem faz com que o novo ainda permaneça fora, externo, sem atuar. Entretanto, um novo momento surge: o de agregar – as aderências passam a existir. Essa ampliação de referencial é estruturadora de uma antítese responsável pela quebra, pela mudança da impermeabilização. Passam a existir novos começos – o sistema autorreferenciado foi minado, deu passagem a outro sistema. É interessante o processo, explica como se consegue mudar, não só pela psicoterapia, mas também pela educação, pelo relacionamento com o outro. A persistência psicoterápica estabelece mudanças estáveis, enquanto que a não permanência dos outros processos cria as ilhas de comunicação e expressão relacionais que podem ser submersas, destruídas. Sem o conceito de percepção como relação, de percepção como conhecimento, não é possível globalizar essa totalidade do *ser no mundo*. Exemplo de elementarismo reducionista é a ideia, o conceito freudiano de percepção como projeção de nossos desejos, nossos medos, e motivações inconscientes. Essa ideia reduziu o humano a um inatismo biológico, instintivo, exilando-o para um mundo misterioso, cheio de sombras e enigmas.

Quando o conhecimento, a percepção, é o ponto de fusão, de integração, temos a interação responsável pela mudança do sistema: a transformação. Quando ao invés de fusão acontece junção, temos o alargamento de referenciais, ampliação do conhecimento, da percepção por analogias; nesse caso não surge nada novo, nada criativo – é um processo adaptativo.

Ao integrarmos o outro, pessoa ou ideia, nos transformamos. Se nos avaliamos, avaliamos outras pessoas ou ideias, nos adaptamos. A transformação traz o novo, traz a dimensão presente, quebra o sistema, faz o sistema sair dele mesmo, revitaliza. Na adaptação diante das fricções ou choques mantemos o já percebido, aumentamos nossa vivência responsável por certezas e dúvidas. Juntamos, somamos percepções em nossos referenciais anteriores. O conhecimento, a percepção se caracteriza como processo de reconhecimento. Descobrir, viver o novo, o presente é substituído pelo passado, pelo reconhecimento. A criança, em seu desenvolvimento motor e perceptivo, descobre o mundo, é um sistema aberto. O velho, é por excelência, um sistema fechado, estabelecido em experiências e reconhecimento. A maneira de se manter vivo, jovem e organizado é viver no presente. O presente deve ser a

Figura, estruturada no passado e não o contrário: o passado Figura, estruturado no presente Fundo. Em psicoterapia gestaltista quebramos, abrimos o sistema do autorreferenciamento, da não aceitação através de questionamentos. Frequentemente as pessoas querem eliminar sintomas, eliminar coisas desagradáveis e impeditivas. Percebendo que o sintoma é a resultante de uma atitude, surge uma mudança, acaba o autorreferenciamento e começa a se perceber diante e dentro de um processo. Essa abertura, essa quebra da blindagem gerada pelo autorreferenciamento faz com que o indivíduo se perceba de outro modo. É uma abertura que vai fazer com que o indivíduo saia de um sistema, perceba novos universos, perceba outros sistemas. Muitas vezes essa nova percepção elimina os sintomas desagradáveis, mas é também utilizado como ampliação das certezas e medos. Novos questionamentos, novas transformações, novas adaptações, até a integração individualizadora.

Buscando referências, seja para o bem ou para o mal, a depender dos objetivos que se tenha, se constrói uma sociedade estratificada, estabelecida em ilhas, em pedaços, em partes. Com tanta fragmentação, com tanta divisão, como viver o presente? Como viver o presente sem parcializá-lo em antes e depois?

As separações espaciais – os vazios assim criados –, os posicionamentos criam regras, criam demandas. Buscando responder a essas demandas, surgem os personagens, os papéis; egos são construídos cobrindo e pressionando as estruturas ontológicas, as estruturas do ser. Nessa luta desaparece o ser e consequentemente não se vivencia o presente enquanto possibilidade; ele só é vivenciado através do ego como necessidade: regras, funções e demandas sociais. As possibilidades ontológicas ou possibilidades humanas são guardadas para o fim de semana, para as férias, para o momento da droga ou até para a hora sagrada do futebol ou da novela. Quando isso ocorre, o sistema de referência, a massificação, a coletivização ou consumo, já estruturou e contextualizou todo o referencial de possibilidades. O homem é apenas realização de necessidades, é apenas sobrevivente. É um momento dramático, é um dos últimos estágios da transição para a despersonalização, para a desumanização. Esse processo se explicita nas atitudes que ele tem diante do medo, da impossibilidade diante do outro e do mundo. Os relacionamentos são feitos através de mentiras, de personagens criados para conseguir o que planeja (hoje em dia constatamos isso dando uma olhada nos *sites* de relacionamento na *web*). As drogas, o consumo, funcionam como o tapete mágico que leva ao reino do prazer. O homem não é mais livre, está preso ao sistema que o desumaniza. Sob governos autoritários e ditatoriais, a situação é ainda mais grave, mais desumanizadora, até destruidora do homem, basta lembrar do que foi vivenciado sob o jugo de Hitler, de Stalin, de Pol Pot, de Átila, Nero e outros.

A motivação – a atitude – é o que possibilita comportamento, ação humana. No caso da possibilidade de relacionamento ser reduzida à necessidade de relacionamento, o homem se torna sobrevivente, sua atitude é de sobrevivência, não importa como e onde, em toda e qualquer situação, na intimidade ou na esfera pública, quando se prepara para sofisticadas conferências ou quando comemora o aniversário do filho, por exemplo. Esse amealhamento de informações, essa sinalização de mapas para futuras referências, cada vez mais aprisiona. A progressiva perda de liberdade, pelo não exercício das possibilidades humanas, deprime, esvazia.

Reduzido à sobrevivência, torna-se cada vez mais impotente, independentemente da quantidade de ferramentas e condições que tenha para sobreviver. Transformando possibilidades em necessidades, cria um sistema de aderências – ferramentas e instrumentos – que são prolongamentos do *eu*, perde força; perde humanidade ao construir essas aderências. Não há liberdade, não há disponibilidade, não há continuidade, não há presente – está esvaziado – cheio de armas, ferramentas, artefatos possibilitadores de defesa para o mal-estar e de cuidados para o bem-estar.

A única maneira de eternizar a vida, ver sentido nela, dar continuidade, não sentir o desgaste, é viver o presente sem se posicionar em referenciais passados (memória) ou na busca de situações futuras. A vivência do presente como eternidade é o que se consegue quando se transforma o tempo ao ser liberto das circunstâncias. Do contrário, as pessoas estão sempre avaliando, comparando, desejando voltar a posicionamentos passados, desejando recuperar o perdido ou estão querendo eternizar o que está acontecendo, buscando o prazer.

Sobrevivendo, tendo necessidades satisfeitas, se tem prazer[14] com pequenas coisas, com grandes coisas. É prazeroso ver um céu azul, também o é um vinho, uma comida, uma água gelada, uma conversa animada, uma relação sexual, tanto quanto a sensação do dever cumprido, das coisas organizadas, por exemplo. Tudo isso é prazer, causa prazer. Na realização de desejos, nos encaixes, na harmonia circunstancial, há prazer. As vivências do prazer são quase banais, são muito frequentes, é o bem-estar.

---

14   Essa ideia já foi por mim desenvolvida no artigo "O Prazer", publicado no Boletim SBEM, abril/junho de 2000, pp. 50-51.

Os aspectos circunstanciais, situacionais são fundamentais para a vivência do prazer como bem-estar. Existe um comando de necessidades e desejos responsáveis pela criação de limites a atingir ou remover. Posto isso, somos remetidos à instabilidade do prazer. Estruturado por necessidades contingentes, construído pelo desejo, pela falta, pela busca de aplacar tensões, rapidamente o prazer é transformado em alívio, ausência de dor, ausência de tensão. Nosso conhecido e banal prazer, por sua instabilidade, se transforma em um complexo paradoxo.

Filósofos como Platão e Kierkegaard escreveram sobre o vazio do prazer. Drogados e viciados em heroína, cocaína, ópio também o fizeram. William Burroughs escreve sobre sua experiência com a droga:

> *A droga é uma equação celular que ensina a quem a usa fatos de um valor geral. Aprendi muito usando droga. Vi a vida medida nas gotas de uma solução de morfina. Vivi a privação atroz da desmama e o prazer do alívio quando as células sedentas de droga bebiam na seringa. Todo prazer não é talvez senão alívio. Aprendi o estoicismo celular que a droga ensina a quem a usa... Aprendi a equação da droga. A droga não é como o álcool ou a erva, um meio de gozar a vida, a droga não é um prazer. É um modo de vida.*[15]

Platão em sua filosofia mostra como o prazer depende de necessidades e desejos. Essa filiação outorga dependências corporais inadmissíveis para o intelecto, para o homem de bem, para o sábio. No mundo das ideias, no ideal platônico, nada que provenha do chão, do corpo, das sensações é bom, belo ou sábio. Kierkegaard diz que há duas maneiras

---

15 BURROUGHS, William. Famoso escritor *beat* em seu livro *Junky*, escreve sobre sua experiência com drogas.

de viver a vida: uma ética e outra estética. Por ética ele entendia a vida governada pela liberdade, o que só seria conseguido através da fé, da transcendência, do encontro com o absoluto. Estética para ele era tudo que "vinha de fora", do exterior. Essa circunstancialização impedia a liberdade, fazendo com que o homem fosse controlado pelas coisas que lhe causavam bem-estar, desejos e prazer.

A ideia de Kierkegaard – ético e estético – pode agora ser traduzida por objetividade e subjetividade. Nesse contexto, conseguiu-se criar dicotomias e valorações acerca do prazer. Pode-se falar de prazer negativo e de prazer positivo. Prazer negativo é todo aquele gerado por situações alheias ao ser, vindas de fora, contingentes, aderentes, consequentemente alienantes. O prazer, nesse contexto, é sinônimo de hábito, vício, repetição, fixação, perda da liberdade, de alívio desde que totalmente endereçado para aplacar necessidades e desejos. Prazeres positivos seriam os subjetivos, os da inteligência, os do espírito.

Esses dualismos valorativos estão presentes também na visão de Santo Agostinho, quando em uma tentativa de trazer para a Idade Média os ideais platônicos, diz que só existe prazer na virtude, separando assim os prazeres pecaminosos (da carne) dos virtuosos (do espírito). Deus é o que se encontra depois de enveredar pelo caminho da virtude. Autocontrole, sacrifício são os luzeiros orientadores desse caminho. A humanidade está crivada: pecadores e virtuosos. Evidências e dogmas.

Mais tarde, a psicologia veio em socorro desse homem cravejado. Prazer é prazer, é bom. Entretanto o bom não basta, será que é sinônimo do que não é ruim? Será que é uma repetição habitual de mecanismos despersonalizadores ou é a realização legítima de desejos e encontros?

60   Socorro questionador, pois que ao admitir o prazer buscava integrar a personalidade. Com a psicologia aparece uma nova divisão: prazeres legítimos e prazeres ilegítimos. O prazer da droga, do vício são ilegítimos, negativos. Existem, mas devem ser abolidos, transformados.

Da banalidade à complexidade surge também a legitimidade do prazer. Descobre-se que o prazer poderia provir de doenças, começou-se a estudar sua patologia.

Disponibilidade e aceitação estruturam autonomia, possibilidade de relacionamento. É aí, nesse horizonte de possibilidades que nasce o prazer criador de infinito, atemporal, mágico e eterno, merecedor de mitos. Não é por acaso que sempre o prazer vem acompanhado do amor, de Eros. Só no contexto de disponibilidade e autonomia é que se evita a repetição, o hábito e a escravização muitas vezes confundidos com prazer.

São inúteis os anseios modernos de resolver dicotomias e paradoxos relacionais e existenciais através de sobrevivências unificadoras. Criou-se o paradigma neurocerebral para solucionar e explicar o comportamento humano, que pelo seu reducionismo elementarista se torna parcializador. Todos sabem que remédio é droga, sabem também que são as drogas boas e frequentemente dizem que elas servem para o uso, não para o abuso.

> *A neurofarmacologia nos convida a pensar que há uma homogeneidade qualitativa entre os compostos químicos que absorvemos e aqueles que agem nas células cerebrais para regular nossas alegrias e nossos desgostos. Do ponto de vista de um médico, há apenas moléculas semelhantes, com indicações mais ou menos visadas. O hábito torna-se um efeito colateral entre outros.*[16]

---

16 SISSA, Giulia. *O prazer e o mal – Filosofia da droga*. Rio de Janeiro,

Para vivenciar o presente basta perceber a imanência dos processos, para isso é necessário questionar. Essa antítese dinamiza e destrói aderências. É um processo instantâneo, é por isso que a psicoterapia possibilita mudança.

O acúmulo de aderências ao longo do tempo cria impermeabilizações, blindagens tão poderosas que não mais se percebe o outro, apenas o que se vê é o si mesmo. São posicionamentos estruturantes do *eu*, do sistema de referência, e aí é cada vez mais difícil a revitalização desse estagnado. Os sintomas, os indicadores periféricos, têm que ser contidos para começarem a ser estabelecidas possibilidades, dinâmicas que vão neutralizar as aderências.

> *Problemas psicológicos são problemas do eu, desde que vida psicológica seja vida perceptiva... quanto mais ajustados, mais eficazes, mais empreendedores, mais os eus se sobrepõem ao ser. O eu se apoia no ser, quanto maior é esse apoio, mais o ser é encoberto, cooptado como base de segurança para as demandas relacionais. Quando o eu encobre totalmente o ser surge a desumanização. Transformam-se as possibilidades de relacionamento em necessidades de relacionamento, conseguindo a mágica de transformar o esférico, o cilíndrico, o senoidal em uma linearidade previsível. É a experiência, a abundância de significados e símbolos; os caminhos estão sinalizados, só resta repetir. Trilhar caminhos sem direções é difícil, improdutivo. O grande problema humano é aceitar que está no mundo e não precisar justificar isso. Aceitar a vida, aceitar ser, aceitar o aceitar, aceitar não aceitar, vivenciar o vazio do despropósito, da não finalidade, ser apenas um ser no mundo.*[17]

Civilização Brasileira, 1999, pp. 171-172.

17 CAMPOS, Vera F.A. *A questão do ser, do si mesmo e do eu*. Rio de Janeiro, Relume Dumará, 2002, pp. 30-31.

O ser é a possibilidade de relacionamento, o *eu* é a necessidade, o desejo de relacionamento.

A língua pode ser um código normatizador, à medida em que aprender uma língua é aprender maneiras de perceber, maneiras essas codificadas ao longo de algum tempo por segmentos específicos. A linguagem cotidiana é resumidora de ordens sociais e econômicas. Cada família tem uma cultura própria, isto é, uma maneira típica de lidar com situações de ajuste/desajuste, por exemplo. Essas maneiras são passadas aos filhos através das falas e gestos, da linguagem. A língua se constitui em um meio de comunicação, de expressão, manifestação e exteriorização por ser um sistema de referência, ser um contexto a partir do qual se estruturam percepções. Nesse sentido podemos dizer que a língua é um mundo, universo estruturante de percepções, de conhecimentos, à medida que é um resumo, um código, uma senha indicativa de percepções. Mas pensar na língua como um mundo, um universo criador de percepção, de pensamento, pode ocasionar distorções. Primeiro se pensa, isto é, se percebe. A linguagem expressa, comunica e resume o pensamento, a percepção. O pensamento é estruturado pelo prolongamento da percepção. Esse prolongamento perceptivo é conseguido pela organização de categorizações (percepção de percepções). Quando percebo que percebo, categorizo, organizo esse conhecimento, essas categorizações em novos contextos, redes perceptivas. O ato de organizar essas categorizações é o pensar, é o prolongamento da percepção. Percebo (conheço), quando percebo que percebo sei o que conheço, categorizo; quando organizo esses conhecimentos, essas categorizações, penso. Nominar esse pensamento, sistematizá-lo através de referenciais, estrutura a linguagem, inicialmente como percepção individual, resumo das próprias percepções. O desenvolvimento motor, a fala, o relacionamento com o outro, a aquisição da autonomia motora, andar e falar, estabelece novas relações. A mistura de linguagens, as várias percepções expressas e comunicadas criam significados do falado, do pensado e do percebido. Estruturalmente a língua é constituída como expressão individual, da mesma forma que nos primórdios das civilizações estruturou-se a linguagem, a fala articulada como substituição dos grunhidos e sons onomatopaicos.

Edward Sapir, nos comentários que se seguem, eloquente e implicitamente, mostra como a relação perceptiva é o contexto estruturante de todo o processo linguístico. É interessante também sua afirmação sobre a individualidade linguística:

> *Já indiquei que a essência da linguagem consiste no fato de tomar sons convencionais articulados de maneira voluntária, ou seus equivalentes, como representantes dos diversos elementos da experiência. [...] Em condições primitivas, os grupos políticos são reduzidos e a tendência do espírito local é sumamente poderosa. É natural, consequentemente, que as línguas dos povos primitivos, ou em geral das populações não urbanas, se dividam em grande número de dialetos. A vida, nas comunidades geograficamente limitadas é estreita e intensa, daí que sua fala adquira rasgos peculiares.*[18]

Ao meu ver, o pensamento não é resultado da linguagem. O pensamento é um prolongamento perceptivo e a linguagem é a senha de acesso a essa organização. Segundo Merleau-Ponty:

---

18 SAPIR, Edward. *El Lenguaje*. Mexico, Fondo de Cultura Economica. 1954, pp. 18 e 173.

> *Perceber não é experimentar uma multidão de impressões que levariam recordações capazes de completá-las: é ver como surge de uma constelação de dados, um sentido imanente sem o qual não é possível fazer nenhuma invocação da recordação.*
>
> *A percepção é precisamente esse ato que cria de uma única vez, junto com a constelação de dados, o sentido que os vincula – que não somente descobre o sentido que eles têm, senão, que faz além disso, que tenham um sentido.*[19]

Para os egípcios, o nome era como se fosse "a coisa". O símbolo era como se fosse a realidade. Esse sentido egípcio da cópia como sinônimo da realidade também aparece na Bíblia: "No início era o verbo", a ideia de que a palavra cria o universo.

Muitos teóricos disseram que primeiro veio a linguagem, depois o pensamento, afirmavam que não se conhece se não se tem a palavra para indicar o conhecido. Nietzsche por exemplo dizia: "Temos de parar de pensar se nos recusamos a fazê-lo dentro da prisão da linguagem"; já Wittgenstein: "Os limites da minha língua são os limites do meu mundo"; Heidegger afirmava: "O homem age como se fosse o cunhador e dono da linguagem quando na verdade a linguagem permanece dona do homem"; e Roland Barthes: "O homem não existe antes da língua, nem como espécie, nem como indivíduo".

Grandes pensadores, filósofos contemporâneos, distorceram ao supervalorizar a linguagem. Essa supervalorização a transformou em fundamentadora do real, do humano.

---

19 VASQUEZ, Juan. *Lenguaje, Verdad y Mundo*. Barcelona. Anthropos Editorial del Hombre, 1986, comentando o pensamento de Merleau-Ponty, retoma essa polêmica entre formação do pensamento e da linguagem, p. 132.

Entendo que a criação de mundos – a comunicação – é possível através da expressão, da manifestação do *ser no mundo*. A linguagem é uma ferramenta utilizada pelos homens para a construção, para abertura e fechamento de sistemas.

Ferdinand Saussure deixa implícito o conceito de percepção, organização perceptiva ao longo de seus escritos. Ele dizia que a criança nasce com uma faculdade de linguagem. Darwin dizia que a criança nasce com uma tendência instintiva para a linguagem. Chomsky dizia que a linguagem não tem função de comunicar. Para ele a linguagem serve apenas para expressar o pensamento. O uso da linguagem para comunicação poderá vir a ser uma espécie de epifenômeno.[20]

Acredito que a linguagem seja uma expressão do percebido, do pensado (prolongamento da percepção). A linguagem, ao expressar, comunicar ao outro o que se percebe, o que se pensa, estabelece um sistema de senhas, de códigos. Esse sistema, a linguagem, cria novas dimensões para o real, para o percebido.

Para Saussure, a linguagem é um sistema de signos, Sapir e Chomsky diziam que a língua é um sistema de regras que permite emparelhar esses signos e ordená-los em frases.

> *No mais, só se pode concordar com nosso amigo N. McQuown, que compreendeu perfeitamente que não há igualdade entre os diferentes sistemas de signos e que o sistema semiótico mais importante, a base de todo o restante, é a linguagem: a linguagem é de fato o próprio fundamento da cultura. Em relação a linguagem todos os outros sistemas de símbolos são acessórios ou*

---

20   CHOMSKY. *Sobre natureza e linguagem*. São Paulo, Martins Fontes, 2006, p. 9.

derivados. O instrumento principal de comunicação informativa é a linguagem.[21]

Ao comunicar, a linguagem permite acessos, trocas de experiências, de vivências. É uma mágica, é abertura de cabeças, de corações, é o acesso ao outro, é a maneira de eternizar as experiências. Por existir uma língua, foi possível Homero escrever a Odisseia, também graças a esse sistema de signos ficamos conhecendo os medos e aflições de um cidadão do início do século XX, Franz Kafka. Pela linguagem podemos conhecer o mundo, ter acesso e dar acesso ao universo do outro e ao nosso. Edward Sapir estabelece uma diferença importante quando diz:

> *[...] o processo da aquisição da fala é em realidade, algo totalmente distinto do processo de aprender a caminhar. O caminhar é uma função orgânica, uma função instintiva (embora não, por suposto, um instinto em si mesmo); a fala é uma função não instintiva, uma função adquirida, cultural. [...] "Com isso ficou aplanado o caminho para dar uma definição da linguagem. A linguagem é um método exclusivamente humano e não instintivo, de comunicar ideias, emoções e desejos por meio de um sistema de símbolos produzidos de maneira deliberada.*[22]

Essa característica humana da linguagem é o que permite a formação da cultura, que a estabelece e intercambia vivências, percepções. Essa construção de signos, símbolos, senhas ou códigos é um processo que transcende a imanência orgânica e sobrevivente do homem, tanto

---

21   JACOBSON, Roman. *Linguística e comunicação*. São Paulo, Editora Cultrix, 1969, pp. 18-19.

22   SAPIR, Edward. *El Lenguaje*. Mexico, Fondo de Cultura Economica. 1954, pp. 9-10 e 14.

quanto a amplia. A linguagem como transcendência está ligada a criação de camadas, níveis representativos, funciona como acesso sinalizador. A sinalização, a comunicação realizada pela linguagem, decorre do sentido que ela confere ao percebido. Conferir sentido é um processo que se dá quando se "percebe que percebe". Ao se perceber existe o conhecimento, mas não a categorização; consequentemente não há significado, denominação, não há sequência, nem continuidade. Assim que se percebe inicia-se a sequência de categorização. Expressar ou comunicar é possível através de signos, senhas, marcas, sentidos. É o caminho percorrido. São os nós amarrados nas linhas percebidas. É a formação da rede. Amarrar os pontos, ter uma rede, traz as experiências, as vivências, transforma a realidade, estabelece diálogo com o outro, com o mundo, consigo mesmo. Esse diálogo é uma nova camada, é a transcendência realizada pelo homem.

Ferdinando Saussure é eloquente:

> O objeto concreto de nosso estudo é, pois, o produto social depositado no cérebro de cada um, isto é, a língua. Mas tal produto difere de acordo com os grupos linguísticos: o que nos é dado são as línguas. O linguista está obrigado a conhecer o maior número possível delas para tirar, por observação e comparação, o que nelas exista de universal. [...] Língua e escrita são dois sistemas distintos de signos; a única razão de ser do segundo é representar o primeiro; o objeto linguístico não se define pela combinação da palavra escrita e da palavra falada; essa última, por si só, constitui tal objeto. [...] Chamamos signo a combinação do conceito e da imagem acústica: mas, no uso corrente, esse termo designa geralmente a imagem acústica, por exemplo, uma palavra. [...] Propomo-nos a conservar o termo signo para designar o total, e a substituir conceito e imagem acústica respectivamente com significado e significante. [...] A língua é uma forma e não uma substância. Nunca nos

compenetraremos bastante dessa verdade, pois todos os erros de nossa terminologia, todas as maneiras incorretas de designar as coisas da língua, provém da suposição involuntária de que haveria uma substância no fenômeno linguístico.[23]

Saussure tinha uma atitude fenomenológica, ele queria descrever, perceber, conhecer a linguagem, a língua. Muitos outros não agiram assim.

Algumas conceituações sobre linguagem sofreram também influência da metodologia associacionista, elementarista e reducionista, incapaz portanto de globalizar o fenômeno linguístico. Esses estudos sobre a linguagem e a língua, eram feitos com o objetivo de validar o conceito de inconsciente, criando divisões e categorias diversas. Trata-se do que era chamado de linguagem simbólica. Conceituar símbolo como substituto da realidade, resume essas distorções, essa não globalização do fenômeno linguístico. Lemos, por exemplo, em Eric Fromm:

> *A linguagem simbólica é uma língua em que as experiências íntimas, os sentimentos e pensamentos são expressos como se fossem experiências sensoriais, fatos do mundo exterior. É uma linguagem cuja lógica difere da linguagem convencional que falamos de dia, uma lógica em que as categorias dominantes não são o espaço e o tempo, mas sim a intensidade e a associação. [...] A linguagem simbólica é uma língua a qual o mundo exterior é um símbolo do mundo interior, um símbolo de nossas almas e de nossas mentes. Se definirmos o símbolo como "algo que representa outra coisa" a pergunta crucial será: qual a conexão específica entre o símbolo e aquilo que ele simboliza? [...] Suponhamos que alguém teve em certa cidade uma experiência dolorosa; ao*

---

23 SAUSSURE, Ferdinando. *Curso de linguística geral.* São Paulo, Editora Cultrix, 1973, pp. 33-34, 81, 141.

ouvir o nome dessa cidade, facilmente ligará o nome a um estado de espírito deprimido, tal como o associaria a uma disposição alegre se a experiência tivesse sido agradável. Está claro nada existir de triste ou alegre na natureza da cidade: é a experiência individual ligada à cidade que a transforma em símbolo de um estado de ânimo.[24]

Chomsky, um dos mais conceituados linguistas contemporâneos, diz:

Tomemos o termo "mente" ou como passo preliminar o termo "mental". Consideremos a maneira como usamos termos como "químico", "ótico" ou "elétrico". Certos fenômenos, eventos, processos e estados são chamados "químicos" etc., mas nenhuma classificação metafísica é sugerida para esse uso. Eles são apenas vários aspectos do mundo que relacionam como foco de atenção para propósitos de pesquisa e exposição. Tomarei o termo "mental" mais ou menos da mesma maneira que em sua acepção tradicional, mas sem conotação metafísica e sem sugestão que fizesse qualquer sentido para tentar identificar o verdadeiro critério ou observação do mental. Com "mente" quero indicar os aspectos mentais do mundo, sem nenhuma preocupação em definir a noção de forma mais detida e sem expectativa de que encontremos algum tipo interessante de unidade ou limite, mas que em outro lugar – ninguém se preocupe em definir de maneira acurada os limites de "química".[25]

Interessante que um especialista em linguística, em estudos de linguagem tenha pensado que a língua é uma resultante, que o estudo da língua é o estudo da mente.

---

24   FROMM, Eric. *A linguagem esquecida*. Rio de Janeiro, Zahar Editores, 1976, pp. 16, 20-21.

25   CHOMSKY. *Novos horizontes – Um estudo da linguagem*. São Paulo, Editora UNESP, 2005, pp. 145-146.

70 Penso o mesmo, só que essa "mente" para ele é biológica, genética, neurológica. Para mim essa é a base isomórfica dos processos perceptivos que se realizam através de relações estruturadas e estruturantes do processo do *estar no mundo* com o outro e consigo mesmo. Essa *gestalt, ser no mundo,* estabelece e estrutura relações configurativas do percebido, do pensamento e da linguagem. Para mim, mente é percepção. Possuímos estruturas cerebrais, neurológicas que nos permitem perceber. Estabelecendo o princípio isomórfico, Koffka e Wertheimer disseram que as estruturas (*gestalten*) neurológicas são iguais às psicológicas, ou ainda, afirmaram que o que está dentro está fora. A partir daí ficam abolidas quaisquer divisões, descontinuidades entre físico e psíquico, mental e corporal.

A Torre de Babel assinala miticamente o início da criação da linguagem. O significado implícito é que a língua existe para as pessoas não se comunicarem, não se entenderem. Nas várias línguas tudo é diferente quanto às palavras que indicam o percebido, tanto quanto tudo é igual, tudo decorre da percepção.

> *Nós devemos, em outros termos, desenvolver uma fonética universal e uma semântica universal que delimite, respectivamente, o conjunto de sinais e o conjunto das representações semânticas possíveis para não importar qualquer língua humana. Será então possível falar uma língua com um aparelhamento de sinais e de interpretações semânticas e de inquirir sobre as regras que estabelecem esse aparelhamento. [...] Uma gramática é um conjunto de regras que gera uma classe infinita de "perceptos potenciais", cada um sendo abastecido de seus aspectos fonético, semântico e sintático, e de classes de estruturas que constituem a língua em questão. Os perceptos são construções de primeira ordem.*

Nós determinamos suas propriedades pelo exemplo e pela observação. A gramática subjacente a formação dos perceptos é uma construção de segunda ordem.[26]

Sujeito e objeto, mundo interno e mundo externo, não são duas substâncias, duas coisas em si, independentes como supunha Descartes. Sujeito e objeto são os dois polos de uma relação. O que cria o sujeito? O que cria o objeto? Enfim, o que permite a polarização? O relacionamento com o outro, com o mundo e consigo mesmo. É o atrito – polarização dinâmica – que configura o sujeito, que configura o objeto.

> *É através da percepção que se estruturam o sujeito e o objeto. Ao fazermos essa afirmação estamos dizendo que o ser humano não é sujeito nem objeto, ele é ser humano que a depender da própria percepção se configura em sujeito ou objeto, ocorrendo o mesmo em relação à percepção do outro – o outro, ao me perceber, configura a mim como sujeito ou como objeto. Não há o mundo do sujeito (classicamente configurado como subjetivo pela filosofia e psicologia) e o do objeto, da mundaneidade. Há um ser humano que percebe, e isso é a dinâmica relacional do estar no mundo. As conceituações e denominações de sujeito e objeto criam estagnações, divisões na maneira de enfocar o homem. Essa linearidade causalista é responsável por divisões arbitrárias, é como se imaginássemos um peixe nadando fora d'água, um homem podado, aprisionado a formas explicativas.*[27]

Afirmar que a aquisição de linguagem, o processo linguístico, a expressão do pensamento, a comunicação com

---

26   *Ibid. Le Langaje e la Pensée.* Paris, Petite Bibliotheque Payot, 1970, pp. 196, 265-266.

27   CAMPOS, Vera F.A. *Terra e ouro são iguais – Percepção em psicoterapia gestaltista.* Rio de Janeiro, Jorge Zahar Editor, 1993, p. 28.

o outro, enfim, língua e linguagem decorrem, se estruturam na percepção, se antagoniza com uma série de visões correntes na filosofia e na psicologia, embora encontre apoio em afirmações implícitas de consagrados linguistas. Vou transcrevê-los para que o leitor perceba o que pretendo quando afirmo que a linguagem nos é transmitida por referenciais apreendidos perceptivamente. Falamos porque percebemos e somos percebidos.

Bertil Malmberg diz:

> *Dizer* Homo sapiens *é dizer* Homo loquens. *O sentido que se dá correntemente a termos como signo e símbolo não está muito claramente definido. Costuma-se dizer que signo "é aquilo que está no lugar de outra coisa". Às vezes um "signo de algo" significa um indício de algo (signo de chuva, signo de enfermidade). A quem defina a distinção entre signo e símbolo dizendo que o signo só indica a presença de outra coisa, enquanto que o uso do símbolo é devido a uma convenção. A fumaça é um signo que indica a presença do fogo, porém a fumaça que sai da chaminé do Vaticano, depois da eleição de um novo Papa, é um símbolo porque só pode ser interpretado corretamente por aqueles que conhecem a convenção estabelecida sobre esse particular. A linguística moderna usa ambos os termos com diferentes significados, referindo-se a conceitos que só podem ser compreendidos caso se conheça a doutrina linguística que está por trás dele. [...] Para o homem primitivo, o conceito e a imagem acústica eram a mesma coisa. Muitos fenômenos do folclore de mentalidades primitivas se explicam por essa identificação (palavras tabu etc.). [...] A origem da linguagem humana não é um problema histórico, mas sim um problema psicológico estrutural.*[28]

Benveniste, diz:

---

28 MALMBERG, Bertil. *Linguística Estructural y Comunicación Humana.* Madrid, Editorial Gredos S.A., 1969, pp. 13, 25-26, 269.

A linguagem reproduz a realidade. Isso deve se entender da maneira mais literal: a realidade é produzida novamente por intermédio da linguagem. Aquele que fala faz renascer, pelo seu discurso, o acontecimento e a sua experiência do acontecimento.[29]

Em *Linguística cartesiana*, Noam Chomsky diz, citando Humboldt: "Uma palavra não é uma cópia do objeto em si, mas da imagem produzida por esse objeto na alma".

Humboldt é reconhecido como sendo o primeiro linguista europeu a identificar a linguagem humana como um sistema governado por regras, e não simplesmente uma coleção de palavras e frases acompanhadas de significados. Essa ideia é uma das bases da teoria da linguagem de Noam Chomsky (gramática transformacional). Chomsky frequentemente cita a descrição de Humboldt da linguagem como um sistema que "faz infinitos usos de meios finitos", significa que um número infinito de frases pode ser criado usando um número finito de palavras.

Louis Hjelmslev, linguista e fenomenólogo diz:

> *Frequentemente se afirma que a linguagem é um fenômeno de extrema complexidade. Eu me oponho vigorosamente a essa visão. Se qualquer coisa parece complexa, é antes de tudo porque se a considerou de forma complicada. Se a linguagem parece complicada, isso não pode ser, senão, porque a ciência da linguagem a considera ainda de uma forma que impede a simplicidade. [...] Uma das tarefas principais da ciência deve ser a de encontrar um ponto de vista que torne as coisas menos complicadas. Uma consideração científica é uma consideração que busca a simplificação. A simplificação ideal consistia em considerar um único aspecto como essencial e ao explicar tanto quanto possível todos os outros aspectos do objeto observado por*

---

29 BENVENISTE. *Problemas de linguística geral.* Campinas, Pontes Editores, 2005, vol. I, p. 26.

esse aspecto simples. O espírito científico exige que a complexidade que lhe é ofertada possa ser analisada de forma a permitir extrair um único traço e a utilizar esse traço como uma chave para o conjunto. A razão é que o objetivo da pesquisa científica é chegar ao controle do objeto graças à sua compreensão, e se sabe que é mais fácil compreender qualquer coisa quando um de seus traços pode ser considerado como fundamental e quando o todo pode ser explicado a partir desse traço fundamental. Dessa forma é possível apreender o todo mais facilmente que antes.[30]

Para Husserl a essência do sentido semântico é sua intencionalidade, e a compreensão do sentido implica a apreensão e conhecimento dessa intencionalidade. Essa noção de intencionalidade é fundamental para seu conceito de compreensão.

Ao desenvolver a minha teoria, ampliando o conceito fenomenológico (o pensamento husserliano) graças aos referenciais gestaltistas (Koffka, Koehler e Wertheimer) afirmo que a percepção (conhecimento) é que estrutura o significado, o sentido linguístico, semântico, passível de ser comunicado, expresso e compreendido. O processo de estruturação de significados ocorre através da categorização, ou seja, de "perceber que se percebe".

A estruturação do significado é explicada por Husserl por meio da intencionalidade e por Freud pela projeção, pela conscientização de desejos. Tanto a explicação fenomenológica, quanto a psicanalítica recorrem ao conceito de percepção, entretanto lidam diversamente com esse conceito. Para Husserl, conhecer resulta em voltar-se para "as próprias coisas", pondo entre parênteses o mundo, a facticidade. Freud

---

30 HJELMSLEV, Louis. *Prolégomènes a une Théorie du Langage.* Paris, Les Editions de Minuit, 1968, pp. 176-177.

entendia que todo dado perceptivo, todo o percebido, vinha tingido de demandas inconscientes, expressava desejos, medos e motivações individuais jogadas no percebido. Husserl precisava limpar, separar as coberturas mundanas do percebido para saber o que se percebia; Freud achava que para se saber o que se percebia era necessário vestir, guarnecer o percebido com nossas projeções inconscientes.

Para mim todos os significados são estruturados no contexto da percepção. Percepção é conhecimento e categorização é "conhecer que conhece", "perceber que percebe", é o "conhecimento do conhecido". Nesse processo as redes relacionais são estruturadas por closura, proximidade, semelhança, boa forma ou pregnância, enfim, segundo as leis perceptivas. O mais pregnante passa a ser percebido mais frequentemente. Essa frequência é valorada positiva ou negativamente em função dos referenciais estabelecidos, isto é, pontos, nós da rede. Surge o significado, o "conhecer que conhece". Essa estrutura relacional perceptiva começa a criar os mapas significativos. A referência, a indicação desses mapas significativos, desses significados percebidos, possibilita comunicação, possibilita linguagem. As continuidades significativas, contextualizam sentido, direção, mais significado, "percepção da percepção", conhecimento e mais relações.

Toda e qualquer percepção, relação estabelecida pelo ser humano, acontece agora. Essa dimensão presente muitas vezes suporta percepções anteriores, fatos de memória ou aponta para dimensões futuras, não existentes agora diante de mim. É o pensamento, o ainda não acontecido, o vivenciado como cogitação, prolongamento perceptivo do presente responsável pelo que chamamos de futuro: o que vai acontecer, ou ainda não aconteceu. O tempo futuro é sempre uma cogitação, um prolongamento perceptivo, um pensamento. Tempo é o átimo, o infinito do agora, do presente. Frequentemente a dinâmica relacional do *estar no mundo* impede o esgotar-se no presente e impede de se pontualizar em seus prolongamentos. O outro é o limite, o contexto estruturador de percepção, de conhecimento, de significado. O outro limita, esvazia ou transforma. Perceber o outro enquanto outro diante de si, humaniza. Perceber o outro como instrumento ou como obstáculo, desumaniza, consequentemente esvazia as possibilidades relacionais.

Nos casos de indivíduos com dificuldades, problemas de linguagem, precisamos entender seus processos relacionais, seu *estar no mundo*.

A imanência temporal – o presente – é transformada pela memória, pelo pensamento. Casos de lesões cerebrais, doença de Alzheimer e outras, em que a "percepção da percepção", a categorização, não existem, impedem essa transformação. Sem sequência significativa, quer da memória, quer do pensamento, o indivíduo fica preso a sua imanência temporal, ao presente. Não existe categorização, "conhecimento do conhecido", reconhecimento. Só existe o presente, só existe percepção, falta memória e pensamento, a linguagem fica precária, diminuída, pois que os sistemas relacionais são poucos.

Os recém-nascidos, ao iniciar a formação de suas redes perceptivas, também vivem apenas no presente, mas em poucos meses esse presente é sequenciado, transcendido pela formação de redes relacionais possibilitadas pelo seu sistema neurocerebral e pela relação com os outros.

Vivenciar o presente, aceitá-lo como limite é a única maneira de transcendê-lo, de transformá-lo em continuidade significativa. Não aceitando esse limite, nele se esbarra e se quebra. Essa descontinuidade estrutura a fragmentação.

Sempre se vive no presente que se impõe, quer se aceite ou não esse limite. Quando não se aceita, os posicionamentos resultantes do processo de fragmentação são também dinamizados, mas eles possuem pouca matéria-prima, pouca estrutura para ser dinamizada, transcendida. Essa carência do presente, de realidade, obriga a criação de prolongamentos e assim surgem as metas, que motivam, e também mantém o esvaziamento, a carência de presente. Essas metas quando atingidas, esvaziam e a contínua repetição desse processo, deprime.

Seres humanos substituídos por uma situação de vida na qual predomina a vivência de relacionamento com o outro enquanto limite, essa mesma vivência com o mundo e consigo mesmo, no qual tudo é obstáculo e impasse, tem seu presente, seu contexto estruturante esvaziado.

A pontualização perceptiva cria sistemas convergentes, no qual prolongamentos perceptivos (pensamentos) e experiências (memórias) giram em torno do mesmo ponto. Essa exaustão espacial cria prolongamentos, o futuro deixa de ser uma decorrência do existente, uma perspectiva e passa a ser uma meta, um ponto a atingir. Criou-se um círculo que circunda outro, o limite é expandido, esvaziando o presente. Não se vivencia mais o que está presente, e sim o que tem de ser atingido para suprir o vazio criado. Essa omissão é estruturadora do vazio – contingências são as únicas situações significativas. O outro e o mundo significam apenas como instrumentos, como alavancas ao ajudar ou são percebidos como obstáculos a transpor.

O processo fragmentador, esvaziador, requer densidade, forma, disfarces, máscaras e maquiagens. O significado do mundo e do outro é restrito à verificação do que é preciso atingir e do que se quer evitar. Criou-se a não aceitação, a neurose.

Vergonha,[31] síndrome do pânico são frequentes hoje em dia. É a não aceitação decorrente do processo psicológico de ser pego em flagrante fora dos padrões aceitos e valorizados. A presença do outro, insinuada enquanto testemunho, fiscal, juiz, avaliador é determinante do sentir vergonha. As pessoas não sentem vergonha por estarem fora dos padrões, elas sentem vergonha quando ocorre o flagrante. A estruturação da vivência de vergonha vai depender dos processos relacionais, de seus contextos. A vergonha pode ser estruturada no nível corporal, no social e no existencial.

O corpo é um grande estruturante de vergonha, pois existem vários padrões éticos e estéticos determinando como ele deve ser, como deve aparecer, o que deve esconder etc. Desde Adão e Eva, conforme nos conta a Bíblia, escondemos "nossas vergonhas". A folha de parreira quando cai causa vergonha pelo que é mostrado. A ideia de que a nudez tinha que ser escondida era tão forte, que a palavra *vergonha* também era sinônimo de genitália.

Ficar nu é vergonhoso, é o estar desprotegido, exposto. Atualmente, quando o corpo é uma mercadoria, um produto de consumo, exibi-lo causa prazer, causa orgulho. Envergonhador é o corpo fora dos padrões "malhado", "sarado", jovem. O corpo é escondido ou exibido em função dos padrões do que é aceitável, do que é estigmatizante. Além da nudez, outro fator gerador do sentimento de vergonha do corpo é a

---

31   Essa ideia já foi desenvolvida por mim no artigo "Vergonha e síndrome de pânico", publicado no Boletim SBEM, outubro/dezembro de 2000, pp. 37-38.

gordura ou magreza excessivas. A magreza pode denunciar a falta de dinheiro, a impossibilidade de comer ou a doença que se desenvolve (câncer, Aids, diabetes, por exemplo). Estar gordo, via de regra, é estar afastado da convivência com os outros, é criar barreiras aos relacionamentos. Tudo é impossibilitador: para ir ao cinema, a um bar tem que pensar se "a cadeira é grande". A gordura também pode exibir a gula, a ansiedade, o descontrole, a falta de disciplina e determinação.

Vários endocrinologistas relatam que seus pacientes obesos frequentemente mentem, negam ter comido doces, ter comido quantidades maiores. As mentiras existem para esconder o descontrole, a gula, que envergonham. O círculo vicioso se instala: não se aceita, desloca para a comida, engorda. Busca tratamento, mas não pode admitir a causa do problema, então mente para manter o conseguido. Em certos casos, o engordar é uma maneira de ser livre, poder fazer o que quiser; essa motivação, não explicitada – "quem manda em mim sou eu", "sei o que fazer da minha vida", por exemplo –, cria comprometimentos responsáveis pela mentira.

Contextualizada ainda no corpo, existe a vergonha da cicatriz, do estar doente, do estar impedido. Quanto mais estigmatizada a doença, maior a vergonha. Através da vergonha procura-se neutralizar toda e qualquer situação que levaria à marginalização, exclusão da convivência com o outro, por isso a vergonha é um sentimento fundamentalmente social, como dizia Lévi-Strauss.

Estruturada no contexto social, a vergonha existe quando os padrões valorizados não são atingidos: ser pobre, morar no subúrbio, não poder comer *fast foods*, infelicitam. Não saber usar corretamente os talheres, desconhecer as safras e nomes de vinho são também desencadeantes de vergonha, sempre acompanhados do sentimento de inferioridade. As roupas inadequadas, os conhecimentos defasados, a ignorância, também envergonham. A vergonha sempre muda, à medida que os padrões mudam. Ser mãe solteira, ter os pais separados eram situações frequentemente geradoras de vergonha até os anos 1950, 1960. Hoje significam liberdade, escolha.

No contexto existencial, no nível do ser, das possibilidades de relacionamento, o sentimento de vergonha surge quando a inautenticidade é constatada. É a mentira, o despiste, a falsa ideologia. Esconder opções sexuais não aceitas, ser homossexual – por exemplo –, e fazer de conta que não é, gera uma constante sensação de ameaça, medo, desencadeantes de vergonha. A vergonha surge quando são abaladas as construções feitas para ocultar a origem não aceita, esconder o pai ladrão, ocultar o filho *gay*, negar a filha toxicômana. A falência econômica, a quebra da imagem mantida, o se ver sem saída, também causam vergonha às vezes responsável pelo suicídio.

A vergonha está muito próxima do medo e da depressão. A omissão, o medo, o esconder, são artifícios usados para proteger. Quanto maior o medo, maior a vergonha. O medo é a barreira que ao proteger, também imobiliza, esvazia. Amedrontado, sempre com medo do que vai acontecer, temendo desmascaramento, o ser humano começa a evitar a vida, o relacionamento, e assim, a construir uma depressão.

Medo, vazio, vergonha, depressão e culpa são os estruturantes da conhecida síndrome do pânico. Evita-se sair, falar, tudo, aos poucos surgem impossibilidades, situações de impasse, tensão. É o pânico com seus sintomas: suor frio, tonturas, vômitos etc.

A vergonha é um sintoma de não aceitação. Não aceitar ser o que é, cria-se uma máscara, uma aparência transformadora do ser em parecer. Esse parecer é a aparência, a máscara. Não pode ser tocada, enfim não pode existir, apenas representar, indicar, esconder. Qualquer contato com a realidade será demolidor, por isso não se pode ir à rua, falar em público etc. Monta-se o cenário para a síndrome do pânico, escamoteando-se, assim, toda a vergonha estruturada pela não aceitação de si, da realidade, dos limites.

Esvaziar o presente é perder o sentido, perder a direção. É ficar impossibilitado de transcendência. Reduzido à sua imanência biológica, resta ao ser humano sobreviver. Em função dessa sobrevivência ele exerce suas possibilidades relacionais ancorando-as na satisfação de suas necessidades. Esse posicionamento, esse apoio é a segurança que imobiliza, que desumaniza.

> *Ao colapsar, emperrar, fracassar na luta pela sobrevivência, uma das tentativas para continuar sobrevivendo é buscar conserto através da psicoterapia. É um dos tratamentos indicados pelo sistema social. [...] Nível de sobrevivência e nível existencial são intrínsecos ao ser humano. O nível de sobrevivência é a imanência biológica, o nível existencial é a imanência situacional do estar no mundo aqui e agora com os outros. O nível de sobrevivência é o das necessidades, o existencial é o das possibilidades.*[32]

Essa situação de sobrevivência, esse posicionamento também aparece na linguagem, na comunicação com o outro. Quanto mais informativa das próprias demandas, mais contingente é a linguagem. A linguagem, a comunicação se reduz à informação. Essa perda de abstração, essa

---

32 CAMPOS, Vera F.A. *Terra e ouro são iguais – Percepção em psicoterapia gestaltista.* Rio de Janeiro, Jorge Zahar Editor, 1993, p. 48.

contingência relacional é empobrecedora e cada vez mais mantém a sobrevivência, impedindo a transcendência, impedindo a estruturação do nível existencial.

Nos diversos relacionamentos humanos, principalmente nos afetivos, encontramos essa invasão de sobrevivência, essa falta de transcendência. As pessoas não se encontram, são seus padrões e interesses que se encontram, e assim, negociações, acertos e contratos são exercidos. É um presente esvaziado, voltado para um futuro, uma meta; consequentemente não integra e não transforma.

Entregue a si mesmo, impermeabilizado pela sobrevivência, sem a dinamização do mundo e do outro, o ser humano sobrevive e se esvazia. Esse processo requer esforço e obstinação. Como ser alguma coisa se o que existe é o vazio? Vêm os empréstimos, os acertos, as adaptações e imitações preenchedoras. Quanto mais se preenche o vazio, mais se esvazia. Esse processo paradoxal é idêntico ao de cavar um buraco para tampar outro. A areia é limitada, essa limitação cria infinitos buracos para suprir outros. O indivíduo tem que tirar de si para se preencher. O outro é ele próprio. Esse processo de autorreferenciamento é responsável pela divisão, pela solidão. A divisão enfraquece, deprime. A limitação não aceita engendra mais limites. Esse é um dos aspectos configurantes da não aceitação. Não se aceitar, ter vergonha de si, se sentir inferiorizado e, por isso mesmo, precisar e querer ser aceito. A vivência dessa contradição, se sentir inaceitável e querer ser aceito, forja personagens, enganos e mentiras. Produzimos uma imagem, a vendemos, e com o que conseguimos, estabelecemos posições e aparências determinadoras de bem-estar. Qualquer ameaça a essas imagens criadas gera ansiedade, medo e pânico. Comprometidos com a manutenção desses ganhos, dessa aparência fabricada, vem a angústia. Instalada a angústia, ela passa a ser deslocada através de drogas (psicotrópicos, álcool, maconha, cocaína etc). O relacionamento com o outro é mantido e exercido em função da criação do disfarce. O outro é a matéria-prima, a maquiagem usada para manutenção da sobrevivência. O desumanizado se fantasia como humano para sobreviver. O sentido do que é humano, no contexto da desumanização, é percebido principalmente como belo, rico, poderoso, por exemplo, enfim, aquele que é socialmente valorizado.

A vivência fragmentada do presente engendra limites não aceitos, cria não aceitação responsável pelas motivações, objetivos, medos e desejos do humano; cria metas, ou seja, desejos e objetivos não contextuados no presente, não estruturados no nível de realização. Perdido o sentido do presente, do vivenciado, do encontrado, se passa a viver diluidamente. Essa dispersão, descontinuidade, faz com que o homem não se sustente nos próprios pés. Ele perde autonomia e cada vez mais precisa que seus planos e desejos se realizem, que sua vida seja bem-sucedida, que seja reconhecido. Passa a ser um personagem bem ou malsucedido, dependendo dos outros, sem autonomia. Conseguindo sucesso, realização e bem-estar, tem medo de perdê-los, quando não consegue, se sente frustrado. A oscilação desses resultados é responsável pela criação de significados e valores atribuídos às vivências.

Dei um exemplo na esfera humana relacional para que se veja como tudo depende da vivência ou não do presente, da estruturação das redes relacionais. O mesmo acontece na formação do sentido e significado linguístico, semântico.

Psicoterapia gestaltista: diálogo para mudança

Na psicoterapia gestaltista, a arte, a técnica não é a da escuta, desde que não exista o inconsciente. Existem sim duas pessoas, dois seres humanos: o terapeuta disponível e dedicado a globalizar, perceber o outro diante dele e o outro, o cliente preocupado em remover sintomas que impedem o seu crescimento, atrapalham seus relacionamentos, trabalho e divertimentos.

A terapia é um encontro, apesar de limitado a uma atmosfera, a um *set* terapêutico: horário das sessões e pagamento das mesmas. Uma das primeiras mudanças surge quando o cliente começa a perceber que não tem um problema, mas sim, que ele é o problema e não se aceita como tal. Essa mudança de percepção produz novas maneiras de perceber situações antigas, faz, por exemplo, ver que se o problema do outro o atinge, o problema é dele. Perceber-se diferentemente, ver suas dificuldades e limites sob nova forma cria outra maneira de perceber, de nomear seus problemas. Em alguns casos a questão, por exemplo, não é sofrer por ter sido abandonada pelo marido, mas sim ver que sem o apoio do marido, a incapacidade de viver, de decidir, é a tônica do dia a dia. Na realidade, quando isso é percebido, inicia-se a sequência responsável pela percepção de falta de autonomia, de falta de liberdade. Muitas vezes, essa simples constatação, essa mudança perceptiva faz com que se perca o medo de ir à rua.

O diálogo, o perceber que seus problemas estão sendo percebidos pelo terapeuta e que esse os questiona, cria uma antítese que pode ser uma contrariedade, uma denúncia, um esclarecimento responsável pela mudança das percepções, consequentemente do comportamento.

Quando o ser humano tem sua existência reduzida à imanência biológica, tudo o que ele faz é em função de suas necessidades, o importante é a satisfação das mesmas. Por impasse de fricções podem surgir fragmentações. A multiplicidade dessas fragmentações obriga a busca de tratamento, pois é necessário se organizar para sobreviver. À medida que vai se estruturando, organizando o fragmentado em partes, em blocos, as motivações ainda vão se caracterizar pela busca de satisfação das necessidades, resultados e de sobrevivência para conseguir neutralizar a fragmentação. Vivenciando o presente, a transcendência então possibilitada, é sempre em função de necessidades. O presente é limitador, é utilizado como um apoio para conseguir o que deseja, o que falta. O futuro, a expectativa e o desejo são constantes. Nada é completo, tudo é esvaziado, gerando mais expectativas criadoras de ansiedade e recriadoras do vazio, da não aceitação do que existe, do que limita. Esse esvaziamento das possibilidades do ser, se reflete na comunicação. A linguagem é usada principalmente como informação, comunicação de senhas, códigos para realização de satisfação de necessidades. O *conhece-te a ti mesmo* é substituído pelo *soluciona-te a ti mesmo*. Esse pragmatismo mantém e recria as necessidades, inviabilizando a transcendência, o encontro com o outro; até o terapeuta é transformado no "profissional que vai consertar o erro", uma máquina.

Essa atitude é instrumentalização da terapia. Quem instrumentaliza quer resultados, alavancas para ajudar nas realizações sociais, profissionais e amorosas. Se o processo não for realizado com sucesso, as pessoas se sentem sozinhas, abandonadas, vítimas dos outros, da sociedade, do destino, dos deuses. Sentir-se vítima é também sentir-se privilegiado. A vitimização é o reconhecimento de nada a receber quando acha que tudo lhe é devido. Sentir-se infeliz por não receber não é suficiente para estruturar a vítima; a vítima também se sente roubada, explorada. Não é ela que não recebe, é que estão lhe tirando o que era seu de direito. Essa divisão, resultado da não aceitação, gera muitas dificuldades relacionais, mantém o autorreferenciamento e infelicita o dia a dia de quem está aprisionado em frustrações. No processo psicoterápico, "a vítima" quando percebe o paradoxo de sua atitude tende a mudar.

A não aceitação da realidade social, da realidade econômica, a não aceitação dos próprios pais, a restrição ao próprio aspecto físico resultante de avaliações realizadas em função de padrões valorizados pela sociedade, pela família em que se vive, estruturam as demandas e motivações individuais voltadas para o futuro e para um lugar inexistente. O dia a dia é vivenciado com esforço, aproveitando-se tudo para chegar onde se quer. Esse processo cria metas e realizações a serem atingidas que não têm relação com o que se vivencia. Algumas situações típicas servem para exemplificar essa dinâmica: o filho do pobre, que passa dificuldades, que faz o possível e o impossível para conseguir e consegue que o filho seja advogado, médico ou engenheiro é ilustrativo dessa problemática de não aceitação da realidade econômico-social. O filhos aprendem que o esforço, a persistência, a humilhação e o sacrifício são os degraus da escada para o sucesso. Ansiedades são contidas, medos amordaçados até que o sonho se realize. Quando isso ocorre, a vergonha da própria mãe, a vergonha de sentir vergonha, a sensação de urgência aliada à vivência paradoxal do nada para fazer, estruturam angústia, depressão ou pânico. De vitória em vitória, fugindo das derrotas, das inadequações, vivem constantemente pressionados. Às vezes esses seres buscam a psicoterapia, pois precisam aliviar os sintomas que dificultam, atrapalham e retardam seu sucesso. Buscam ajuda mecânica, como se a terapia fosse uma máquina que vai melhorar seu funcionamento.

Na psicoterapia, percebem a não aceitação, ultrapassam os sintomas aprisionadores e começam a utilizar a terapia como expurgo, alívio. Duas ou três vezes por semana são desintoxicados. O presente das vivências problemáticas, o questionamento a isso é instrumentalizado como dreno, para aliviar medos e ansiedades. Nesse momento, o presente foi transformado em limite e consequentemente a terapia também. A psicoterapia é o único contexto, único momento em que o presente é o presente, em que o indivíduo é questionado. O presente foi, pela própria problemática, transformado em limite. Perceber a não aceitação e suas implicações, esvazia. Sente-se um abismo diante de si para atingir as metas.

Quando o presente é o limite e essa vivência ocorre na psicoterapia, a instrumentalização é feita. A psicoterapia é a ponte para ultrapassar o abismo diante das metas; ela é também o álibi. Ela é o que libera, é o que possibilita, tanto quanto é o que atrapalha e denuncia, resgata, revela e transforma. A vivência da psicoterapia como vazio, é a vivência da mesma como o lugar onde estão guardadas as informações necessárias para adequação e bem-estar.

Ao vivenciar o presente como vazio, realiza-se a transformação da psicoterapia em espaço. O vazio é o vão, o local onde as coisas podem ser guardadas, onde podem ou não acontecer. O tédio, a sensação de nada acontecer quando se está só sem um esquema de diversão, as compulsões, os vícios são exemplos desse processo. O dia da sessão é o dia do expurgo, o local onde os resíduos são colocados. Este é um dos aspectos do deslocamento da não aceitação. Pessoas que sempre percebem o mundo, o outro e a si mesmas através dos critérios de conveniência e inconveniência, transformam tudo que acontece com elas em situações avaliadas, etiquetadas em bom ou ruim, dentro do contexto autorreferenciado e dedicado à consecução de objetivos, metas de realização e sucesso. As mudanças perceptivas, as transformações são utilizadas para a realização de objetivos. O questionamento liberador, feito pela psicoterapia, é usado com outras pessoas para enfraquecê-las, desmoralizá-las e conseguir o que se deseja. O jogo de palavras e ações, o uso de regras, inibe críticas, esconde problemas além de aparentar tranquilidade, adequação e sinceridade.

Muitas vezes se faz psicoterapia, se paga para esconder o que se é. Como pode a psicoterapia acabar com a máscara, o disfarce? Como mudar esse processo de instrumentalização da psicoterapia? Deixando o indivíduo entregue a ele mesmo. Sem antíteses terapêuticas. O esvaziamento do presente é um processo posicionado. Isso cria uma continuidade de processos geradores de ansiedade, responsáveis pela perda do controle dos personagens criados e das máscaras usadas. É como se o sistema de tráfego, de circulação no espaço vazio, congestionasse. Fica trancado, parado. Essa superposição de vetores, de função, é causadora de inoperância – falta movimento, falta ação. Sem a dinamização, estagnado, os sintomas recomeçam cada vez mais acentuadamente. Nessa nova dinâmica o indivíduo tem mais uma vez oportunidade de mudar. Ele agora não é mais o oprimido que quer dar certo, ele é o oprimido que deu certo, deu certo e percebeu que o certo revelou todo o seu desacerto.

Nessa nova configuração muita coisa pode ocorrer no sentido de estruturação da mudança ou no sentido de desestruturação.

O terapeuta não pode propiciar a recuperação das metas. É necessário que o indivíduo perceba a impossibilidade de investir no vazio. Investir no vazio é o que ele faz desde criança. Conseguiu muito: estudo, casamento, dinheiro, sociabilidade e também medo, depressão, insegurança, submissão, fingimentos etc. Ele avalia o que é bom e o que é ruim e também avalia o esforço, o preço que pagou para conseguir o que valoriza. A relação com o terapeuta é percebida nesse contexto também. Para que se mude essa percepção é necessário que o terapeuta consiga transformar a lucidez em um limite, ou seja, a transcendência da necessidade e a realização de possibilidades passam a ser o farol, a luz, a motivação. Conhecendo seu oportunismo, seu fingimento e utilizando a psicoterapia, o momento de lucidez que pode trazer mudança é aquele no qual é colocado: "até onde vai com isso? O que vai ser feito e conseguido?". Esvaziar a meta, psicoterapeutizar o pontualizado como se estivesse de cabeça para baixo é a nova fase do processo. O indivíduo vazio, um personagem criado e programado por metas, conseguiu criar e galgar novas superestruturas. Ele é o ponto, o pontualizado que voa no balão das realizações e aprendizagens. Esvaziando o balão, inverte-se o processo, e quando a superestrutura é restabelecida, passa a ser a base que suporta o pontualizado ser. É um momento de liberdade ou de despersonalização. Haverá liberdade caso ele se separe dos títulos, posses, vitórias e resultados das coisas conseguidas pela habilidade, fingimento e mentiras. Será despersonalizante, caso ele se apoie na roupa que veste, nos títulos, no dinheiro e no poder que o definem

Esvaziar a meta é um processo libertador, entretanto essa liberação nem sempre será sinônimo de liberdade, ela pode apenas ser um alívio, mais tarde os sintomas serão retomados. Tudo vai depender do questionamento que se faça às estruturas despersonalizadas. Os recursos da não aceitação são infinitos e os recursos da psicoterapia também o são.

Esvaziar a meta é uma maneira de presentificar. Cair no presente estabelece contradições, antíteses responsáveis por mudança. A frustração quando percebida é reestruturadora, a impotência configurada é liberadora, o faz de conta denunciado, desmitificado, é integrador.

Aceitar a impotência, a frustração de não conseguir, de ser incapaz de ficar bem, de ter bem-estar pode ser um momento de realização para quem passa a vida se esforçando, desejando e esperando chegar ao topo, em busca de sucesso para validar o próprio sacrifício e corresponder às expectativas de todos que o ajudaram, e também "se vingar" dos que o hostilizaram, o rejeitaram, o submeteram. A aceitação do não conseguir realizar metas abre novas perspectivas, o indivíduo ao aceitar o seu limite, a sua realidade, vive no presente, criando assim possibilidades humanas para viver, *ser no mundo.*

Frequentemente, devido ao esvaziamento do presente, criador de depressão e passividade, muitas pessoas buscam a terapia como água para matar a sede, uma contingência esvaziadora por sua característica de eterno preenchimento: o organismo sempre vai precisar de água para matar a sede, pois não pode gerar a própria água para essa finalidade. Nesses casos, o terapeuta é percebido como o que deve socorrer, suprir, o que é pago para isso, tem essa função social. Em psicoterapia gestaltista fazemos com que o cliente perceba que terapia não é uma maneira de dar socorro, mas sim de criar as condições de transformação. A terapia atinge a raiz do esvaziamento, pretende transformar e não ser um instrumento de eterno preenchimento de vazio, um instrumento de socorro.

O processo terapêutico gera a aceitação da não aceitação e isso propicia a mudança, a transformação do limite. Através de diálogo, questionamento, antítese, são criadas sinalizações, valências, campos perceptivos responsáveis por categorizações dinamizadoras. Ao acontecer isso, o cliente tem contexto e vivências possibilitadoras de mudanças e também de solução do problema. Frequentemente o esvaziamento relacional, a problemática da não aceitação é tão pregnante que diante da solução, das possibilidades de mudança, o indivíduo se percebe com vantagens, meios para conseguir o que não tem e, ao fazer isso, ele instrumentaliza a terapia e a sua própria melhora. Questionado pela terapia, ele muda a atitude ou desiste do processo terapêutico, ou ainda se divide em função de ser aceito e ter bons resultados, continuando a instrumentalizá-la. Quanto mais instrumentaliza, mais se ajusta, mais consegue coisas e mais se esvazia; transforma a terapia em álibi e escudo. Às vezes o questionamento e o processo terapêutico são vivenciados como álibi, "faço tudo para mudar, inclusive uma terapia cara"; outras vezes o processo terapêutico é o escudo, "estou na terapia, qualquer coisa será resolvida". Por que isso ocorre? Por que essa divisão? Esses processos de conveniência e instrumentalização podem ser encontrados também em situações nas quais se aplicam os conceitos psicanalistas de resistência e transferência, entretanto, a abordagem psicanalítica diverge do enfoque gestaltista por estar apoiada nas explicações das demandas do inconsciente.

Frequentemente encontramos situações onde o esvaziamento, a fragmentação, o nível de sobrevivência é tão acentuado que a terapia é usada para aliviar sintomas e como um dreno. Os propósitos, desejos e metas continuam sendo os de sobrevivência em detrimento da realização das possibilidades existenciais. É como se a pessoa fosse uma quantidade de pontos esparsos, fragmentados, uma quantidade de posições estabelecidas. A terapia organiza, cria uma sequência. Essa sequência, assim estruturada, quando instrumentalizada, é vivenciada como a base a partir da qual os desejos podem ser realizados. É necessário um longo processo para que essa instrumentalização seja dinamitada; quando isso acontece, a mudança é rápida. A demora está no processo dinamitador.

Às vezes o início de estruturação da linguagem se faz com gritos, urros e guinchos, outras vezes, palavras e conceitos são traduzidos, adquirindo novos significados. Quando ouvimos um discurso em uma língua que não conhecemos, apenas escutamos sons; quando percebemos esses sons em uma língua por nós conhecida, os significados aparecem. O mesmo ocorre na terapia. Novas percepções acerca de velhos problemas são modificadoras. Ao "perceber que se percebe", ao expressar e comunicar essas percepções, é criada uma linguagem, às vezes onomatopaica, outras vezes através dos signos, senhas e códigos. O relacionamento psicoterápico sempre propicia mudança.

Seja no dia a dia, seja no processo da psicoterapia gestaltista, o outro dinamiza. Mas essa característica relacional, o outro como dinamizador, frequentemente deixa de existir e o relacionamento entre as pessoas passa a ser feito através de padrões, regras, procedimentos e segmentos imobilizadores da dinâmica relacional. O outro passa a ser o ponto a superar, destruir ou imitar.

Em psicoterapia, o outro é o terapeuta que tem como sentido e função dinamizar, questionar. Pode ser imobilizado se começa a ser percebido como apoio ou alavanca de ajuda. Mesmo quando não se deixa imobilizar, mesmo quando se nega ao apoio, "às ajudas", ele pode ser percebido como alguém sem condições de exercer questionamento. Os mecanismos da não aceitação criam essas armadilhas. Saber, por exemplo, que se torce pelo mesmo time de futebol, ver que crenças e escolhas são semelhantes, cria identificações neutralizadoras do questionamento terapêutico. Freud quando falava na transferência, em como "tê-la em branco" percebia esse processo e tentava resolvê-lo criando artificialismos desumanizadores (escutar, pouco falar, não ficar frente a frente com o paciente, usar o divã, ficar atrás dele – evitar encontros fora do *set* terapêutico).

Para a psicoterapia gestaltista o terapeuta é um ser humano como o cliente. A única e total diferença é que o terapeuta está disponível, percebe e questiona o outro sem esbarrar, sem se posicionar na necessidade de ser aceito. Às vezes os clientes pensam que a mudança que ocorre na terapia é um processo que significa saber como se muda ou que se constitui em imitar, inserir-se em paradigmas característicos do que se considera mudança. Mas mudar é, ao apreender as relações que configuram seus conflitos e dificuldades, assim como suas implicações contraditórias, transcendê-las. A transcendência da contradição cria outra estrutura. Esse novo contexto estabelecido pela liberação das contradições, pela apreensão de suas estruturas antagônicas, estabelece liberdade, separação do que limitava, apoiava ou determinava. Essa nova ordem pode também ser posicionada, criando consequentemente mais contradições e antagonismos, é a dialética. A sequência desse processo é responsável pela mudança da não aceitação, pela transformação do limite, pela transformação da necessidade em possibilidade, em disponibilidade relacional.

Podemos pensar no processo psicoterápico como uma técnica responsável pela mudança de percepção e de conceitos. A psicoterapia gestaltista enseja mudança do conhecimento que se tem de si, do outro e do mundo, realizado através da "percepção da percepção", do "conhecer que conhece", das categorizações resultantes do diálogo com o terapeuta, com o mundo e consigo mesmo. A terapia é o contexto pregnante dessa mudança que continua com o relacionamento com os outros, com o mundo e consigo mesmo nesse novo contexto.

O processo perceptivo, estruturante da formação de atitudes, determina o sentido que se dá à própria vida. Esse propósito de vida ou motivação é responsável pelos paradoxos, pelas tramas e tessituras do vazio, da adaptação e da transformação humanas.

As percepções que estruturam as atitudes matrizes do comportamento individual são os primeiros mapas percebidos e copiados. Cada família passa para o filho o que é importante e o que não é, o que deve ser conseguido e realizado assim como o que deve ser evitado. A percepção do pai, da mãe e da atmosfera familiar determinam os valores de vida. Uma família que passa a ideia de que não importa o que se é, mas sim o que se tem e o que se pode aparentar, faz com que a pessoa se dedique a conseguir posses e a consertar sua imagem em função dessas conquistas. Para esse indivíduo só interessa o resultado, só interessa como conseguir realizar seus desejos.

Quando a pessoa não se aceita, para ela é fundamental ser aceita. Ela não se basta, não se mantém, não caminha sem apoios, sem muletas. Exerce funções aceitáveis para preencher sua estrutura vazia. Esse encaixe, colocação de padrões e regras dentro do vazio, corresponde ao processo de adaptação, é a única maneira de sobreviver. Em psicoterapia, quando questionado o paradoxo de não se aceitar e querer ser aceita, fica esclarecida a necessidade de adaptação, o medo, a impossibilidade de se transformar. A própria terapia é transformada em muleta, em apoio. A terapia que seria antítese para originar transformação é utilizada para adaptação. Quando a terapia – apoio – questiona o que está ocorrendo, surgem antíteses e divisões em relação a ela que, se superadas, esvaziam o esquema adaptativo e geram disponibilidade para a transformação. Por outro lado, negociando, deslocando ou não superando as divisões surge a instrumentalização da terapia. O indivíduo se divide: há uma terapia que questiona situações e é de grande efeito para sua imagem, sua aparência diante dos outros, como por exemplo demonstrar lucidez e disponibilidade apreendidos no contexto terapêutico; essa imagem é então mantida e valorizada como se fosse comportamento próprio e legítimo e ao fazer isso se mantém a desonestidade, o faz de conta, o uso vantajoso de situações responsáveis pelo deslocamento de não aceitação, criador de despersonalização e vazio, pois existe uma conveniência e uma aparência que precisam ser mantidas.

Perceber a necessidade da mudança tanto quanto a impossibilidade de realizá-la – pois não se quer perder resultados atingidos – é uma divisão gerada pela antítese. Como a antítese gera divisão se ela por definição é um movimento unificador das contradições anteriores? Pelo fato de nada estar isolado. As antíteses são vivenciadas em contextos individuais. Às vezes, antítese em relação a um processo, passa a ser, no contexto individual de quem vivencia essa antítese, uma síntese resumidora de situações que ele quer evitar. Os mapas e regras passados pela família e pelo sistema influenciam nas significações, nas vivências, nas percepções.

São ilustrativas situações em que mesmo sem gostar do outro, se mantém relacionamentos, casamentos e até "amizades", por conveniência, porque propiciam segurança, dinheiro, estabilidade, imagem aceita socialmente etc. O indivíduo avalia e vê mais sentido na manutenção dessas relações do que no exercício de sua própria liberdade, de suas possibilidades de existir. A avaliação é gerada pela atitude gananciosa de manter o conseguido. Essa é uma outra forma da divisão em relação ao próprio problema, que é deslocada para a terapia. Perde-se mais uma vez a possibilidade de mudar, de se transformar. Mesmo sentindo-se ruim, uma fraude, fraco, feio, alguém sem expressão e que não se aceita; mesmo assim o indivíduo já conseguiu enganar alguém, já conseguiu "ser aceito", ser mantido e não vai querer quebrar o "faz de conta". Adapta-se ao conseguido e aos sintomas do medo, da ansiedade, enfim, os vários deslocamentos recomeçam.

Em psicoterapia, para quebrar esse círculo vicioso é necessário deixar que os sintomas e a necessidade de funcionar bem passem a ser o equivalente ou o substituto da estrutura relacional. As pessoas começam a se relacionar em função de evitar situação ou pessoa no qual sintomas desagradáveis possam surgir. Essa busca de garantia de tranquilidade esvazia, tanto quanto emperra o funcionamento. O desgaste é total e surge assim, a estrutura vazia da não aceitação.

Fora da situação psicoterápica, os sintomas constantemente deslocados criam a dificuldade de viver: é a crise de pânico, a crise depressiva, o suicídio, a obstinada atitude de se agarrar em alguma coisa: a grande conveniência, o freio das crenças ou das conversões religiosas, o vício: jogo, droga, comida, sexo. Qualquer padrão repetitivo é mantido, é a compulsão que serve de lastro para tampar o vazio, o abismo e permitir que nele se trafegue ou que não seja visto.

Por total escoamento, pelo deslocamento, os indivíduos se tornam meros sobreviventes adaptados a sua marginalidade. É o que vemos na legião dos drogados, dos deprimidos, dos obcecados pelo sexo, pelo trabalho, pelo sucesso, ou pelo medo do fracasso etc.

Todo e qualquer clã, tribo, grupo, sociedade, para existir como tal, tem que valorizar e criar instrumentos adaptativos, seja em termos de sobrevivência orgânica, seja enquanto sobrevivência grupal através do estabelecimento de códigos, de leis de conduta. É preciso adaptar para existir socialmente, entretanto trata-se de um indivíduo. Esse processo não esgota as estruturas do ser, suas possibilidades, sua disponibilidade, sua liberdade. Quando o ser – a estrutura ontológica – é transformado em função de um ajuste social, ele é esvaziado. As possibilidades individuais são substituídas por necessidades individuais. Desse modo o ser se esvazia, neutraliza-se. Situações de excesso, de limite, exemplificam esse esvaziamento: a desumanidade das torturas, a sanha assassina dos nazistas para garantir a ordem do partido nacional, a crueldade do *gulag* soviético. Não existiam seres humanos, existiam autômatos executando planos de manutenção de máquinas no poder. Quando no dia a dia ocorre a omissão diante de injustiças, por exemplo, quando se nega solidariedade avaliando o prejuízo que se pode ter, temporariamente abrimos mão de nossa humanidade. A repetição dessa atitude é uma sequência fragmentadora mantida pela necessidade de ser aceito para cobrir a culpa, o medo, a raiva. O indivíduo passa a viver para esconder as próprias fraquezas ao invés de enfrentá-las. É o círculo vicioso.

Para sair desse círculo vicioso é necessário a espiral, a transcendência – essa é a única maneira de humanizar, de ter autonomia, de ser livre, de aceitar os próprios limites.

Assim como no estudo dos processos linguísticos e do pensamento, também no estudo do relacionamento humano, muitas distorções e parcializações foram feitas ao serem cunhados: símbolo, representação, consciente, inconsciente e imaginário como categorias a partir das quais se explicaria o pensamento, a linguagem, a consciência ou a memória e a percepção. Produziram discutíveis soluções, regras e explicações para o bem-estar humano. Conceitos como: normalidade/anormalidade, ajuste/desajuste, sucesso/fracasso, sociabilidade/antissociabilidade, inteligência, riqueza, beleza e seus opostos foram cogitados. Geralmente pensa-se que se a pessoa é ajustada, normal, rica, bela e inteligente, tudo de bom lhe está garantido, e que os que procuram a terapia, os que fracassam, são os que não atingem esses padrões. Mas, esses padrões são posicionamentos do homem e como tal esvaziadores. O importante não é estar situado, escudado, protegido por essas situações, o importante é estar disponível para o relacionamento com o outro, com o mundo e consigo mesmo. Isto é, o que tem que existir, para isso basta o indivíduo recuperar, ativar sua humanidade, encoberta pelas negociações de sua liberdade, de sua autonomia, de sua dignidade.

Liberdade é o que existe quando se vivencia o presente enquanto presente. Autonomia é a estrutura configurada pela disponibilidade em relação aos limites existentes. E dignidade é o aspecto, o colorido desse processo ou em termos psicológicos, a motivação que propiciou tudo isso: aceitação e enfrentamento de limites.

Mágoas, fracassos sofridos são trazidos para a terapia frequentemente sob a forma de medo e frustrações. Isso pode ser entendido como a construção de uma representação, de um símbolo para resumir a submissão diante de um pai que esbofeteava ou de um marido que espancava, por exemplo. Essa representação do medo e fracasso quando percebidas como preço que se pagava, como o que se suportava para ganhar dinheiro ou para manter o casamento (casamento como emprego) adquire uma forma mais nítida quando se vê que o medo e a frustração são maneiras de evitar conviver com a incapacidade de enfrentar o trabalho, por exemplo.

A fraqueza vivenciada como símbolo de não conseguir, as imagens abissais de perda, luto e morte, geradoras de processos depressivos podem ser transformadas em compromissos enganosos. Constituem os álibis, as mentiras criadas e mantidas para conseguir sobreviver; elas esvaziam o que foi preenchido através de divisões.

Os exemplos são infinitos; queremos mostrar como tudo é estruturado pela percepção e como ao "perceber que se percebe", se categoriza, "se conhece que conhece". Muda a percepção, muda o comportamento, esse é o objetivo e a certeza da psicoterapia gestaltista. O terapeuta propicia mudança à medida que propicia novas percepções. Isso é exercido pelo diálogo, pelo questionamento, pela antítese aos posicionamentos, às certezas e incertezas criadoras de fragmentação.

Para a pessoa interessada em funcionar bem, o pregnante na percepção são os resultados dirigidos ao seu funcionamento e a continuidade desse processo posiciona o humano como objeto. O desequilíbrio da polaridade sujeito-objeto imobiliza o humano em seu aspecto objetivo, como pontos de rede. Essa pontualização reduz sua estrutura humana aos aspectos objetivos, neutralizando-o como sujeito. O ser humano passa a buscar satisfação, dependendo de funcionamentos, tendo que manter esse processo. Não conseguindo, vem sintomas criadores de desajuste: medos, ansiedades e culpas.

Nos últimos 20 anos, com o descrédito da psicanálise e as exigências de sobrevivência, a grande indústria de remédios passa a exigir ampliação de mercados. Tudo isso faz surgir a medicalização do psicológico, buscando a contenção dos sintomas denunciadores da desadaptação em várias estruturas: familiar, profissional, social, cultural etc. Os deslocamentos desses círculos estabelecem disputas e entendimentos tão amplos que hoje não existem mais ilhas, tudo está invadido, globalizado. A dependência humana, as dependências funcionais são matérias-primas para a ação dos mercados. A indústria de armas e medicamentos tem que vender seus produtos. O ser humano é visto como usuário, dependente, objeto de suas angústias, seus medos passam a ser utilizados como novo mercado para os medicamentos. Tem que se buscar o que dá prazer, o que cria o bem-estar.

> *[...] É que, quanto mais se promete o "fim" do sofrimento psíquico através da ingestão de pílulas que nunca fazem mais do que suspender sintomas ou transformar uma personalidade, mais o sujeito, decepcionado, volta-se em seguida para tratamentos corporais ou mágicos. Não surpreende, portanto, que os excessos da farmacologia tenham sido denunciados justamente por aqueles que haviam enaltecido, e que hoje reivindicam que os remédios da mente sejam administrados de maneira mais racional e em coordenação com outras formas de tratamento: psicoterapia e psicanálise.*[33]

Viver no contexto estruturado pela sua autonomia é transcender os limites do coletivo, do geral, embora dele fazendo parte; é a partir dessa autonomia que se estrutura o individual, o individualizado. Essa é a vida única, a vida individual, a vida própria ou privada na qual os limites são as legitimações dadas pelo que é autêntico, próprio, livre. A individualização é antítese à massificação. Determinação é a vontade apoiada no livre exercício de perceber e pensar, em questionamentos diversos, quebra de sequências mecânicas e desumanizadoras.

O voltar a si, sustentar-se nos próprios pés é um dos objetivos da psicoterapia. A autonomia conseguida com isso é responsável por liberdade, e é essa abertura, esse não ter limite ou não tê-lo como obstáculo, desde que seja o limite integrado, que permite ao homem se aceitar

---

33 ROUDINESCO, Elizabeth. *Por que a Psicanálise?* Rio de Janeiro, Jorge Zahar Editor, 2000, p. 22.

e enfrentar seus principais limites como, por exemplo, os biológicos – ser jovem, ser velho, não poder voar, não poder andar, morrer.

A aceitação da impotência diante do que se é, do que se tem e do outro, é a condição básica para o bem-estar e a transformação do que limita. Achar que tudo pode ser consertado, modificado, cria deslocamentos, aumenta a impotência, dissocia, fragmenta, esvazia, criando a depressão.

Na vivência do tédio tudo é igual, nada acontece. Viver esperando a novidade, o diferente – cansa. A ansiedade, continuamente instalada, impede qualquer consistência ao lidar com o que situa o indivíduo. É como se a vida estivesse em suspenso, sob expectativa. O tédio não é o presente monótono, o tédio é viver utilizando o presente como uma base para o futuro. Esse esgotar do real, esgota também a realização das possibilidades, deixando as necessidades sob o clima de tensão e de ansiedade. Quebrar a rotina passa a ser o desejo, e ele próprio rotiniza. É muito frequente sair da rotina pelo álcool ou pelo consumo sistemático de sexo. Prazer para preencher o tédio, para neutralizá-lo, faz com que entrando nessa rotina do alívio, o próprio prazer crie tédio.

As mudanças buscadas pelo exercício da não rotina são também rotinizadas; agressividade, irritação, atitudes de intolerância começam a surgir. Esse processo de insatisfação faz com que frequentemente se procure terapia para curar a dor de existir, a tensão. Quando isso ocorre em fases iniciais do processo é mais fácil do que quando ocorre em fases mais adiantadas, nas quais se procurou suprir o tédio, a insatisfação com drogas, jogos de azar e outros deslocamentos. É difícil reconstruir o humano fragmentado pela ansiedade, pela não vivência do presente. A chamada síndrome do pânico, muitas vezes nada mais é que o presente esvaziado pela insatisfação, pelo tédio: ter que manter um casamento no qual já não se sente nenhuma motivação para o mesmo; ter que estudar para um concurso, vestibular ou doutorado, sem ver perspectivas nisso; esperar os filhos crescerem para cuidar da própria vida, são algumas situações típicas desse posicionamento.

Tendo que manter o que não satisfaz, a vida fica esvaziada, é como se fosse uma lista de itens a serem assinalados, existe apenas o antes e depois, nada acontece agora. O inesperado pode ser a salvação, a mudança, a reconfiguração sinalizadora de novas motivações.

Precisar do diferente, do novo é um processo problemático. O diferente é o necessário, deixa de ser o possível, a possibilidade. O inesperado como salvação é responsável pelas paixões súbitas e avassaladoras, destruidoras de ordens familiares, por exemplo. Pode também ser o embarque no novo, no insólito da droga, do sexo, do ilícito. Não havendo espaço contínuo – só existem fragmentos, pontualizações – é impossível transcendê-los, apenas surgem antíteses criadoras de novas divisões.

Atualmente, os *sites* de relacionamento da internet, cumprem a função de quebrar o tédio e muitas vezes, criar novos problemas. O deslocamento da ansiedade é estabelecido na expectativa de vivenciar o prometido virtualmente. Ilusão, frustração, crises e crimes têm acontecido nesses relacionamentos.

Viver em função de datas significativas, de comemorações, de organizar a alegria, pode ser um grande sintoma do tédio, da insatisfação. As metas, a busca de realização dos padrões configuradores do que é estabelecido como sucesso e felicidade, gera uma ambição, uma ganância de realização. Esse excesso de ação dirigida para um resultado estrutura contextos desencadeadores de depressão. A meta não atingida cria frustração e quando ela é atingida cria o esvaziamento. Esse processo explica as vivências psicológicas típicas da bipolaridade. Feliz quando expande, triste quando retrai. Quanto mais ambição, mais insegurança, quanto mais insegurança, mais necessidade de apoio, quanto mais apoiado, mais posicionado, estagnado, esvaziado, entediado.

Através do questionamento psicoterápico pode ser estruturada aceitação de si, do outro e do mundo, responsável por disponibilidade.

Só pode haver liberdade se houver disponibilidade. Ser disponível é não ser dirigido por necessidades e suas contingências. A disponibilidade existe pela vivência do presente, do que está comigo aqui e agora. Essa não construção de metas implica na aceitação dos limites vivenciados. Essa aceitação possibilita integração e consequente transformação dos mesmos.

Arte, ciência e tecnologia são exemplos disso. Aviões, navios, música e pinturas atestam essa constante transformação de limites. Para criar é necessário estar livre, disponível para apreender as contradições da trajetória do existente. O amor, a integração se estrutura na disponibilidade para com o outro, também expressa essa liberdade. Não existindo liberdade, disponibilidade, surgem acertos, negociações e contratos com o outro e consigo mesmo. A avaliação, as regras, os acordos, o pragmatismo, estabelecem as uniões entre as pessoas. Dependências são construídas, vontades endereçadas, não existe liberdade. Esse aprisionamento consentido é destruidor, cria uma série de disfarces que são mantidos pelo uso constante de pílulas, drogas e até pela esperança de melhores dias, depositada pela fé nos braços de Cristo, nos orixás ou em outros depositários luminosos, divinos.

É um processo esvaziador, desumanizador. Sem liberdade restam apenas exigências biológicas, salvaguardadas pela comunidade e pela sociedade. Essa naturalização do humano é garantida pelas regras sociais. Tudo vai ser regulamentado por padrões, pelo bom senso e pelos acordos. Esses padrões são aceitos ou não. No caso de inadequação, surgem os desviantes, os marginalizados, os drogados. Esses desvios causam prazer, desprazer, causam também vergonha do que tem de ser escondido, criando não aceitações desestabilizadoras. Como diz Alain Ehrenberg:

> *O drogado é hoje a figura simbólica empregada para definir as feições do antissujeito. Antigamente, era o louco que ocupava esse lugar. Se a depressão é a história de um sujeito inencontrável, a drogadição é a nostalgia de um sujeito perdido.*

Atualmente, o drogado, consensualmente, está sendo definido como dependente químico. Nesse sentido quase tudo pode ser entendido como droga, dos remédios ao saudável café com leite.

As substâncias químicas são metabolizadas de diversas formas pelo nosso organismo. Esse processo nem sempre é por nós acompanhado, percebido. O abismo entre o que ocorre no organismo e sua repercussão vivencial é estabelecida pelo que se vai caracterizar, resumidamente em bem-estar e mal-estar. É a maneira de perceber a dependência química, psicológica. O cérebro tem um sistema motivacional que inclui o núcleo acumbente, uma estrutura cerebral que faz com que o indivíduo volte a buscar o que lhe propicia, uma boa sensação de saciedade, realização ou êxito. A cocaína, por exemplo, ativa esse núcleo, da mesma forma que a comida, o álcool e o sexo. À medida que esse núcleo acumbente é ativado, cria-se um hábito, um costume, o indivíduo fica meio anestesiado e cada vez é necessário usar mais cocaína, mais comida, mais álcool, mais sexo, para atingir o efeito do bem-estar original – assim se instalam os vícios.

O compulsivo é o viciado, é o drogado, tanto quanto o drogado é o compulsivo.

> *A atitude compulsiva de ser obrigado a, é a maneira encontrada pelo humano para manter suas ligações, seus vínculos com o mundo, com a realidade, com os outros. A repetição através de constante verificação garante o controle de atingir o que se deseja e necessita. A continuidade dessa vivência compulsiva, repetitiva estabelece os tiques, os vícios. A compulsão é uma forma de sublinhar, marcar vivências. Esses riscos, essas marcas, passam a ser os apoios, referências, as barras de proteção nas quais nos seguramos.*[34]

O viciado é um "voluntarioso"; parodiando Nietzsche é o super-homem das trevas, é a vontade de potência às avessas, para baixo. Como mudá-lo? Como libertá-lo do vício? Fazendo com que ele reestrutures sua percepção de si, do outro e do mundo. Frequentemente é necessária uma desintoxicação, no caso da droga, para que o indivíduo estabeleça outras condições diferentes da prostração desumanizadora.

Determinação, objetividade, vontade são as atitudes que permitem transcender os apegos, as dependências, os posicionamentos despersonalizantes, via de regra criados pelos desejos realizados. Desejar é querer o que nos falta, sempre se dirige a uma dimensão futura, neutralizando o presente do que poderia ser fruto de determinação

---

34 CAMPOS, Vera F.A. *A questão do ser, do si mesmo e do eu*. Rio de Janeiro, Relume Dumará, 2002, p. 77.

e vontade. A diferença entre desejo e vontade reside na temporalidade: poderíamos falar de desejo presente, desejo futuro ou de vontade presente ou futura. Ao dizer que se deseja o que se falta, o desejar é querer preencher uma falta; então já lidamos com estrutura espacial caracterizada pelo vazio, daí o desejo voltado para o futuro não possui matéria-prima relacional. A vontade se caracteriza pela apreensão das relações determinantes da continuidade de um processo existente. Essa perspectiva de continuidade é a vontade. Ela é estruturada no presente, no real, ela possibilita, continua uma interrupção (efeito Zeigarnik), uma demanda de realização.

Vontade como transcendência é fundamental para resolver uma série de destruições causadas pelo desejo. Recuperar a vontade, transcender, aceitando a impotência, aceitando o limite, nos transforma. A vontade é sempre transcendência. O desejo é sempre aderência. A vontade resulta de contradição, de "percepção da percepção", de categorização que gera síntese. Sem contradição não existe transcendência, não existe vontade, não existe determinação. No dia a dia das psicoterapias é muito frequente encontrar o desejo de mudar e a impossibilidade de fazê-lo. O desejo de abandonar a droga, abandonar o jogo, diminuir a comida que engorda é uma constante. Só haverá mudança quando surgir a vontade, quando houver transcendência. Para isso são necessárias contradições, antíteses. Todos os processos educacionais terapêuticos e relacionamentos – que estruturarem vontade – são liberadores.

Desejo é o que falta, vontade não é o que sobra, mas é o que liberta se o dia a dia das contradições for enfrentado. Pela vontade, pela superação das contradições, pela transcendência, os limites da existência são superados, transformados ou integrados.

Em psicoterapia procuramos recontextualizar os neutralizadores, os amortecedores das contradições, por meio de questionamentos, para que surja a vontade, a liberdade de mudar, a aceitação de si e dos outros.

O continuado exercício de realização de desejos ou de frustração de desejos, desumaniza, cria seres padronizados, satisfeitos ou insatisfeitos que buscam realizar perfis e estabelecer prioridades para realização de seus desejos. Fogem do medo, caem na depressão, evitam frustrações e cada dia se tornam mais abúlicos, sem vontade, precisando de palpites, regras e orientações. Os manuais de autoajuda contam com esse mercado, os políticos e religiosos também. Esses seres sem vontade, sem transcendência, limitados por tudo que os rodeia, são os títeres do sistema.

O ser livre é aquele que exerce suas vontades, não sucumbe aos seus desejos.

Posfácio:
A evolução do conceito de percepção

Criei a psicoterapia gestaltista fundamentada nas leis perceptivas propostas pelos gestaltistas alemães: Koffka, Koehler e Wertheimer. Desde 1972 venho desenvolvendo o conceito de percepção, processos perceptivos e suas implicações psicoterápicas.

Uma vasta rede de conceitos, ao longo de 8 livros e 42 anos de trabalho clínico, foi construída por mim, pensando a psicoterapia gestaltista e os processos psicológicos. Quando iniciei meu trabalho psicoterápico no final dos anos 1960, eu era uma das poucas alternativas à psicanálise, que era a única verdade existente em psicologia clínica, em psicoterapia.

Em meu primeiro livro, *Psicoterapia gestaltista – conceituações*, exponho a conceituação clássica dos gestaltistas alemães, que em 1912 se insurgiram contra a ideia de definir percepção como elaboração de sensações. Eles achavam que percepção como elaboração de sensações era uma hipótese associacionista, elementarista, causalista e dualista, além de implicar na noção de que o mundo era um caos, o mundo era desorganizado, precisando de elaboração. Contrapondo-se às ideias vigentes os gestaltistas considerava que o mundo era organizado e a percepção das coisas, das formas (*gestalten*), era instantânea, dependendo apenas de uma organização contextual. Desenvolvendo suas conclusões básicas, afirmei que perceber é conhecer pelos sentidos.

Nesse livro de 1972, ao começar a construção da teoria psicoterápica gestaltista, enfrentei o conceito elementarista e mecanicista do inconsciente e passei a explicar pela percepção, todas as situações que eram explicadas pelo inconsciente. Propunha que perceber é conhecer pelos sentidos e com isso esclarecia o conceito husserliano de intencionalidade. Eu ainda mantinha o conceito de consciência quando dizia que ela, a consciência, era intencionalidade e que consistia na relação entre sujeito e objeto. Essa formulação era fundamental para a psicoterapia, para realizá-la sem a ideia de inconsciente. Esse conceito de percepção como conhecer pelos sentidos, me permitiu também unificar outros posicionamentos elementaristas da psicologia, como por exemplo, memória e pensamento, que a partir de então não podiam mais ser entendidos como conceitos independentes dos processos perceptivos.

Assim, em 1978, no livro, *Mudança e psicoterapia gestaltista*, já me foi possível dizer que o pensamento e a memória eram prolongamentos perceptivos, graças ao conceito unitário de percepção como base nos processos de conhecimento.

Nesse segundo livro, abordo as contradições e dificuldades do processo psicoterápico com relação à mudança e aceitação. Muitas contradições foram enfocadas, como por exemplo "o que apoia, oprime" e "comprometer-se é manter o que nos aliena". Essas dinâmicas relacionais, continuadamente enfocadas e estudadas, me permitiram estabelecer, no próximo livro, o conceito de neurose como distorção perceptiva propiciada por estruturas autorreferenciadas.

O terceiro livro, de 1983, *Individualidade, questionamento e psicoterapia gestaltista*, traz então, como principal conceito, o de neurose como distorção perceptiva. Um dos contextos estruturantes da distorção é a quebra da reversibilidade perceptiva, gerada pelo posicionamento autorreferenciado. Toda percepção se dá em termos de Figura e Fundo, havendo uma reversibilidade entre eles. Só a Figura é percebida, quando se percebe o Fundo é por ele ter se tornado Figura, como afirmavam os gestaltistas clássicos. Nos posicionamentos, no autorreferenciamento, as percepções são mantidas estáticas, rígidas criando as distorções, parcializações do percebido. Esse processo explica a neurose e suas vivências defasadas: o que acontece é percebido com referenciais do acontecido ou do que se deseja/teme que aconteça e não com o referencial estruturante do que está acontecendo agora.

Definir neurose como distorção perceptiva foi um avanço conceitual. Permitiu demonstrar que as mudanças de percepção implicam em mudanças comportamentais, isto é, muda a percepção, muda o comportamento. Esse foi um *insight* promissor para o trabalho psicoterápico.

Também abordo a questão do símbolo como distorção da realidade:

> O símbolo, ao representar uma realidade em um outro contexto que não o de sua constituição, é uma distorção perceptiva. [...] O símbolo é sempre uma distorção da realidade em função da aquisição de novos significados quando passa a representar contextos, realidades diversas. O símbolo é sempre um deslocamento, um prolongamento da relação significativa que ele representa, daí a distorção perceptiva que ele enseja.

Falar em símbolo como distorção perceptiva, questioná-lo como cópia e senha para o real, foi fértil, permitiu inclusive o atual desenvolvimento do conceito de linguagem, tanto quanto conceitos anteriores como os conceitos de realidade e ilusão.

Em 1988, consegui mais um avanço conceitual, expresso no *Relacionamento trajetória do humano*, quarto livro, em que afirmo que percepção é relacionamento:

> *A percepção, o estar em relação, faz com que o homem se situe em um tempo e um espaço. [...] Ao perceber, no comportamento humano, que tudo é dinâmico, que tudo é relacional, que tudo se estrutura enquanto percepção do outro, do mundo e de mim, o* insight *de que o relacionamento gera posicionamentos, geradores de novos relacionamentos, que por sua vez geram novos posicionamentos, indefinidamente foi para mim satisfatório e fundamental.*

Esse *insight* do relacionamento gerador de posicionamento, gerador de novos relacionamentos que, por sua vez, geram novos posicionamentos, indefinidamente foi esclarecedor para a configuração das dinâmicas relacionais e entendimento da trajetória do *ser no mundo*.

Entender percepção como conhecer pelos sentidos era limitador. A continuidade de minhas investigações permitiram ampliar, expressar e descrever a verdadeira dimensão da percepção que é o relacionamento.

Em 1993, com o livro *Terra e ouro são iguais – Percepção em psicoterapia gestaltista*, percebi que já não eram necessários os conceitos de mente e consciência. Mente e consciência eram palavras, resíduos elementaristas que não mais cabiam dentro da afirmação de que percepção é relacionamento. Nesse livro, digo:

Perceber é estar em relação com o outro, consigo mesmo, com o mundo. Esse relacionamento é a vivência psicológica. Nesse sentido, ao falar em percepção, já não é mais necessário o uso de conceitos como mente, consciência, intelecto etc., sendo tais conceitos posicionantes, dicotomizantes e unilateralizantes da totalidade do ser no mundo. É importante assinalar também que a afirmação do percebedor como sujeito e a do percebido como objeto não leva em conta a essência humana, seu movimento relacional. Quando afirmamos que a essência humana se polariza entre sujeito e objeto, colocamos a possibilidade de ser sujeito ou ser objeto no próprio processo perceptivo. O ser humano é sujeito e é objeto, a depender do contexto estruturante de sua percepção.

Entender subjetivo e objetivo, sujeito e objeto como polarizações da essência humana foi revelador, permitiu perceber que a divisão expressa a unidade. Essa noção de que a divisão expressa a unidade é muito importante para o trabalho psicoterápico, permite perceber que quando um ser humano está dividido, fragmentado, existe sempre a possibilidade de unificação, uma vez que em sua divisão subsiste a unidade, a essência humana.

Nessa altura, fica claro que percepção é a vivência, a unidade vivencial. A percepção como unidade vivencial possibilita vivências significativas e não significativas a depender do contexto estruturante das mesmas.

No *Desespero e maldade*, sexto livro (1999), beneficiada pelas conceituações anteriores, pude dizer que vida psicológica é vida perceptiva e demonstrar que a construção da teoria psicoterápica gestaltista tem sido feita de uma maneira unitária: a percepção é conceituada sem dualismo, sem elementarismo, explicitando assim a ideia original de que perceber é conhecer, é se relacionar. Desenvolvo questões sobre o sentido, o significado, e chego a um ponto fundamental para o desenvolvimento da teoria: o conceito de categorização, isto é, enfrentando a antiga questão "o que é conhecimento?", afirmo que categorizar é "perceber que percebe" e continuando o desdobramento desse conceito chego a: "vida psicológica é vida perceptiva". Se perceber é conhecer pelos sentidos, se categorizar é "perceber que percebe", se memória e pensamento são resíduos e prolongamentos perceptivos, relacionamentos, fui obrigada a explicitar a não existência da mente e da consciência; ficou evidente para mim que vida psicológica é vida perceptiva. Nesse livro foi possível também entender o mal, a maldade à luz da percepção, sem utilizar conceitos elementaristas.

Em 2002, no sétimo livro, *A questão do ser, do si mesmo e do eu*, foi importante continuar a exploração da ideia de que vida psicológica é vida perceptiva, que problemas psicológicos são problemas perceptivos, que o *eu* é um sistema de referência, estruturador de aprisionamentos quando segue seus próprios referenciais e estruturador de liberdade quando exerce disponibilidade diante do mundo e dos outros; que o *eu* é diferente do ser, que a neurose é estruturada no sistema do *eu*, não no ser, embora o ser esteja esmagado pelos referenciais das necessidades exercidas através do *eu*. Foi importante, pois deixar claro que ao exercer suas possibilidades de relacionamento não se deixando posicionar nas contingências das necessidades, o ser mantém sua liberdade, suas possibilidades humanas de *ser no mundo*.

A psicoterapia gestaltista trata egos por acreditar na possibilidade ontológica do humano. Qualquer ser humano que seja demente, louco ou com outros comprometimentos intelectuais, pode ter suas possibilidades exercidas e ampliadas. A questão é descobrir a brecha na blindagem estabelecida pelo autorreferenciamento, pelo ego fragmentado e pontualizado.

Em 2003, ao escrever *Mãe Stella de Oxossi —Perfil de uma liderança religiosa*, me detive nas mudanças perceptivas, consequentemente comportamentais, ocorridas em uma comunidade religiosa. Em 2000, completei uma pesquisa, iniciada em 1982 com aplicação de um questionário na comunidade, questionário esse que demonstrava a percepção que seus membros tinham da religião que praticavam. O mesmo questionário foi aplicado em 2000 para detectar mudanças perceptivas, demonstrando claramente que com um novo contexto para a percepção da religião, contexto esse que surgiu com a ação de liderança da Mãe Stella, aconteceu uma mudança perceptiva e comportamental em seus seguidores. Esse processo está documentado nesse livro, e é ilustrativo a possibilidade de mudança perceptiva e comportamental quando se percebe que apoio e opressão são dois aspectos do mesmo processo. A percepção do limite estrutura as antíteses responsáveis por sínteses. A liberdade e a consequente quebra das barganhas abrem novos caminhos.

Em 2004, no livro *A realidade da ilusão – A ilusão da realidade*, explorei a questão da realidade. Como explicá-la enquanto processo perceptivo sem cair em dualismos metafísicos, idealistas? Apoiada nas leis de Figura-Fundo e guiada pela visão fenomenológica de que "o aparente é o real", disse que tudo que é percebido é real e que todo real é percebido, criando assim um grande problema: o que não é percebido é ilusão? Concluímos que sim.

Nas relações de Figura-Fundo o percebido é a Figura. O Fundo
é o estruturante, nunca é percebido. Ilusão é o Fundo, o nunca

percebido, portanto nunca real. Geralmente os preconceitos, a priori, as crenças e certezas constituem o Fundo, o referencial de nossas percepções. Quanto mais crenças, certezas e fé, menos disponibilidade, mais rigidez. Crenças, certezas e fé são estruturadas no sistema categorial, resultando sempre de experiências prévias, de avaliações. A ilusão é o que dá as certezas.

Em minha teoria o conceito de percepção é fundamental, principalmente no momento em que é entendido como relação.

Referências bibliográficas

ARNHEIM, Rudolf. *El Pensamiento Visual*. Buenos Aires, Editorial Universitaria de Buenos Aires, 1971.

AYER, A.J. *The Problem of Knowledge*. England, Penguin Books, 1956

BAKHTIN, Mikhail Mikhailovitch. *Marxismo e filosofia da linguagem*. São Paulo, Hucitec, 1999.

BENVENISTE, Émile. *Problemas de linguística Geral I e II*. Campinas, Pontes Editores, 2005.

CAMPOS, Vera F.A. *Psicoterapia gestaltista e conceituações*. Rio de Janeiro, Edição da Autora, 1972.

_____. *Mudança e psicoterapia gestaltista*. Rio de Janeiro, Zahar Editores, 1978.

_____. *Individualidade, questionamento e psicoterapia gestaltista*. Rio de Janeiro, Alhambra, 1983.

_____. *Relacionamento: trajetória do humano*. Salvador. Edição da Autora, 1988.

_____. *Terra e ouro são iguais – Percepção em psicoterapia gestaltista*. Rio de Janeiro, Jorge Zahar Editor, 1993.

_____. *Desespero e maldade – Estudos perceptivos relação Figura-Fundo*. Salvador, Edição da Autora, 1999.

_____. *A questão do ser, do si mesmo e do eu*. Rio de Janeiro, Relume Dumará, 2002.

_____. *Mãe Stella de Oxóssi – Perfil de uma liderança religiosa*. Rio de Janeiro, Jorge Zahar Editor, 2003.

_____. *A realidade da ilusão, a ilusão da realidade*. Rio de Janeiro, Relume Dumará, 2004.

CASSIRER, Ernst. *Linguagem e mito*. São Paulo. Perspectiva, 1972.

_____. *El Problema del Conocimiento en la Filosofia y en la Ciencia Moderna, I y II*. México, Fondo de Cultura Económica, 1953.

_____. *Filosofia de las Formas Simbólicas I*. México, Fondo de Cultura Económica, 1985.

_____. *A filosofia das formas simbólicas II*. São Paulo, Martins Fontes, 2004.

_____. *Filosofia de las Formas Simbólicas III*. México, Fondo de Cultura Económica, 1998.

CHOMSKY, Noam. *Sobre natureza e linguagem*. São Paulo, Martins Fontes, 2006.

_____. *Le Langage et la Pensée*. Paris, Petite Bibliotheque Payot, 1970.

_____. *Linguística cartesiana*. Petrópolis – Vozes e São Paulo – Editora da Universidade de São Paulo, 1972.

_____. *Regras e representações. A inteligência humana e seu produto*. Rio de Janeiro, Zahar Editores, 1981.

_____. *Novos horizontes no estudo da linguagem e da mente.* São Paulo, Editora UNESP, 2005.

DAMÁSIO, Antônio. *Em busca de Espinosa: prazer e dor na ciência dos sentimentos.* São Paulo, Companhia das Letras, 2004.

_____. *O mistério da consciência.* São Paulo, Companhia das Letras, 2000.

_____. *O erro de Descartes – Emoção, razão e o cérebro humano.* São Paulo, Companhia das Letras, 1996.

ECO, Umberto. *As formas do conteúdo.* São Paulo, Perspectiva, 1974.

_____. *A estrutura ausente.* São Paulo, Perspectiva, 1971.

ELLIS, Willis D. (prepared by) *A Source Book of Gestalt Psychology.* London, Routledge & Kegan Paul, 1969.

FLUSSER, Vilem. *Língua e realidade.* São Paulo, Editora Herder, 1963.

FOUCAULT, Michel. *Les Mots et les Choses.* Paris, Editions Gallimard, 1966.

GROSS, Maurice. *Modelos matemáticos em linguística.* Rio de Janeiro, Zahar Editores, 1976.

HJELMSLEV, Louis. *Prolégomènes a une Théorie du Langage.* Paris, Les Editions de Minuit, 1968.

_____. *Le Langage – Une Introduction.* Paris, Les Editions de Minuit, 1969.

HOFSTADTER, Douglas R. & DENNETT, Daniel C. – *The Mind's I – Fantasies and Reflections on Self and Soul*. New York, Basic Books, 2000.

HOFSTADTER, Douglas R. *Godel, Escher, Bach – un Eterno y Gracil Bucle*. Barcelona, Tusquets Editores S.A., 1989.

JAKOBSON, Roman. *Linguística e Comunicação*. São Paulo, Editora Cultrix, 1969.

KANDEL, Eric R. *Em busca da memória – O nascimento de uma nova ciência da mente*. São Paulo, Companhia das Letras, 2009.

KRISTEVA, Julia. *Le Langage, Cet Inconnu – Une Initiation à la Linguistique*. Paris, Editions du Seuil, 1981.

LANGACKER, Ronald W. *A linguagem e sua estrutura*. Petrópolis, Vozes, 1977.

LITTLEJOHN, Stephen W. *Fundamentos teóricos da comunicação humana*. Rio de Janeiro, Zahar Editores, 1982.

LOCKE, John. *Ensayo sobre el Entendimiento Humano*. Mexico, Fondo de Cultura Económica, 1956.

MACHADO, Irene. *O filme que Saussure não viu – O pensamento semiótico de Roman Jakobson*. Vinhedo, Editora Horizonte, 2007.

_____. *Semiótica da cultura e semiosfera*. São Paulo, Annablume, Fapesp, 2007.

MALMBERG, Bertil. *Linguística Estructural y Comunicación Humana*. Madrid, Editorial Gredos S.A., 1969.

MANDLER, Jean M.; MANDLER, George. *Thinking: from Association to Gestalt*. New York, John Wiley & Sons, 1964.

MATILAL, B. Krishna. *Logic Language and Reality*. Delhi, Motilal Banarsidass Publishers, 1997.

MERLEAU-PONTY, Maurice. *Signos*. Barcelona, Editorial Seix Barral S.A., 1964.

PAULUS, Jean. *A função simbólica e a linguagem*. São Paulo, Eldorado, EDUSP, 1975.

PINKER, Steven. *Como a mente funciona*. São Paulo, Companhia das Letras, 1998.

_____. *O Instinto da linguagem – Como a mente cria a linguagem*. São Paulo, Martins Fontes, 2002.

QUINE, W.V. Orman. *Palabra y Objeto*. Barcelona, Editorial Labor S.A., 1968.

SACKS, Oliver. *O olhar da mente*. São Paulo, Companhia das Letras, 2010.

_____. *Alucinações musicais relatos sobre a música e o cérebro*. São Paulo, Companhia das Letras, 2007.

SAPIR, Edward. *A linguagem – Introdução ao estudo da fala*. São Paulo, Perspectiva, 1980.

SARTRE, Jean-Paul. *L'Imagination*. Paris, Presses Universitaires de France, 1963.

_____. *O imaginário*. São Paulo, Editora Ática S.A., 1996.

SAUSSURE, Ferdinand de. *Escritos de linguística geral*. São Paulo, Editora Cultrix, 1996.

_____. *Curso de linguística geral*. São Paulo, Editora Cultrix, 1973.

SEARLE, John R. *A redescoberta da mente*. São Paulo, Martins Fontes, 1997.

_____. *O mistério da consciência*. São Paulo, Paz e Terra, 1998.

STRASSER, Stephan. *Phenomenology and The Human Sciences*. Pittsburgh, Duquesne University Press, 1963.

TARSKI, Alfred. *A concepção semântica da verdade*. São Paulo, Editora UNESP, 2007.

THOMSON, Robert. *The Psychology of Thinking*. England, Penguin Books, 1966.

URBAN, W. Marshall. *Lenguaje y Realidad*. Mexico, Fondo de Cultura Económica, 1952.

VÁZQUEZ, Juan. *Lenguaje, Verdad y Mundo – Modelo Fenomenológico de Análisis Semántico*. Barcelona, Anthropos Editorial del Hombre, 1986.

VIGOTSKI, L.S.; LURIA, A.R. *Estudos sobre a história do comportamento – Símios, homem primitivo e criança*. Porto Alegre, Artes Médicas, 1996.

VIGOTSKI, L.S. *Psicologia pedagógica*. São Paulo, Martins Fontes, 2004.

_____. *A construção do pensamento e da linguagem*. São Paulo, Martins Fontes, 2009.

WERNER, Heinz; KAPLAN, Bernard. *Symbol Formation – An Organismic Developmental Approach to Language and the Expression of Thought*. New York, Clark University, 1963.

ZIMBARDO, Philip; BOYD, John. *O paradoxo do tempo – Você vive preso ao passado – Viciado no presente ou refém do futuro?* Rio de Janeiro, Objetiva 2009.

Esta obra foi composta em CTcP
Capa: Supremo 250g – Miolo: Pólen Soft 80g
Impressão e acabamento
Gráfica e Editora Santuário